CUMHURİYET'İN KADIN SAVAŞÇISI

HALİDE ONBAŞI

SEMRA TOPÇU

Yayıncı Sertifika No	1711
Kitap Adı	**HALİDE ONBAŞI**
Yazar	Semra TOPÇU
Genel Yayın Yönetmeni	Hulusi Koray GENLİK
Tasarım	Serdar KÜÇÜKDEMİRCİ
Baskı – Cilt	Alioğlu Matbaacılık Ltd. Şti. Orta Mahallesi Fatin Rüştü Sokak No: 1/3A Bayrampaşa/İstanbul 0212 612 95 59
Matbaa Sertifika No	11946
ISBN:	978-605-2365-97-7
Yayınevi	Topçular Mah. Gürbüzler Cad. Şehit Kubilay Sok. 8/A Eyüp/İSTANBUL Tel: 0 212 674 60 60 Faks: 0212 501 24 91 e-mail: info@halkkitabevi.com www.halkkitabevi.com
Yılmaz Basım© 2019	*Kitap telif hakları, Yılmaz Basım'a aittir. Halk Kitabevi Yılmaz Basım'ın alt markasıdır. Yayınevinden yazılı izin alınmadan kısmen veya tamamen alıntı yapılamaz, hiçbir şekilde kopya edilemez, çoğaltılamaz ve yayımlanamaz.*

CUMHURİYET'İN KADIN SAVAŞÇISI

HALİDE ONBAŞI

SEMRA TOPÇU

İçindekiler

Önsöz _____ 7
Çocukluk, Hayata Hazırlanış _____ 13
Aşk… _____ 25
İkinci Meşrutiyet'in Kalemi _____ 30
Köşe Yazarlığından Roman Yazarlığına _____ 41
Yazarlık Serüveni _____ 46
Güçlü Kadın Boşandı _____ 49
Osmanlı Parçalanırken Türkçülük Akımıyla Tanıştı _____ 52
Yeniden Evlilik _____ 64
Yıkımdan Çıkan Direniş _____ 72
Sultanahmet Mitingi ile Devleşen Kadın, Namıdiğer Jandark _ 83
Direniş Başlıyor _____ 90
Cephede Bir Kadın, Halide Onbaşı _____ 105
Cumhuriyet İlan Ediliyor _____ 121
Ateşten Gömlek Gösterimde _____ 129
Hindistan'a Neden Gitti? _____ 139
Türkiye Kadın Hareketinde Halide Edip _____ 144
Bitirirken... _____ 151
Genel Kaynakça _____ 153

Önsöz

Fırtınalı bir dönemde geçen eşsiz bir yaşam...
Sadece bu kadar mı?

Eğer bir gazeteciyseniz, içinizde olay yerinde olmak gibi bir dürtü var demektir. Haber ya da olay her ne ise orada olmak istersiniz. Gidemediyseniz hayıflanır, imrenir, kıskanırsınız meslektaşlarınızı... İşte Halide Edip öncelikle böyle bir karakter benim için; tam da olması gereken yerde ve zamanda olmayı başarmış bir yazar. Gerçek üstü denebilecek kadar hareketli bir yaşam öyküsü var. Kurtuluş Savaşı kahramanlarından biri olmuş; hem aydınlanma dönemine geçiş sancısı yaşanırken ortaya çıkmış sınırlı kadın hareketinin öncülerinden biri hem de Türkiye Cumhuriyeti tarihinde imrenilecek bir model kadın.

Ülkemizde böyle bir kadın modelin taşıdığı anlam ve önem elbette bugünlerde daha da artmıştır. Aslında kadının, Cumhuriyet öncesinde varlığını sınırlandıran bir devlet sisteminde kendini var etme mücadelesi ile günümüzde yaşananlar karşılaştırılamaz. Ancak bugünlerde kazanımları kaybetme endişesi ve ülkeyi yöneten zihniyetin eskiliği nedeniyle, toplumsal cinsiyet eşitliği açısından her ne kadar 1900'lü yıllardan daha iyi bir durumda olduğumuzdan söz etsek de başlangıç noktasını, geçmiş mücadeleleri hatırlamak faydalı olacaktır diye düşünüyorum.

AKP iktidarında, öncesine göre yadsınamaz bir gerileme ve hatta ciddi bir şiddet ve istismarın yanı sıra eğitime ulaşamama gerçekliği ile karşı karşıya olduğumuz da aşikâr. Günümüzde karanlık çağlara öykünenler kadını erkekle eşit saymamakta ve kadınlar bunca yıldır edindiği hukuki ve sosyal kazanımlarına rağmen, erkeğin malı gibi görülerek, fiili olarak hem cinsel istismar hem de öldürülme tehdidi altında yaşamaktadır.

Dolayısıyla cesur rol modellerin yaşam öykülerini hatırlama ve hatırlatma zamanı... Halide Edip figürünün günümüz toplumu için önemi, cesaretiyle birlikte düşünüldüğünde daha iyi anlaşılabilir. Osmanlı İmparatorluğu'nun geri kalmışlığı, Türkiye Cumhuriyeti'nin kuruluşu sırasındaki yokluk Halide Edip'in varlığı ve mücadelesini daha da kıymetli hale getirmiyor mu?

Zamanlamaya dikkat çekme nedenim, rakamlarla bazı verileri sunup günümüzün fotoğrafını çekince daha anlaşılır olacaktır. Türkiye İstatistik Kurumu'nun 2017 yılı verilerine göre, Türkiye'deki yaklaşık 23 milyon çocuğun yüzde 49'u kız ve ülkemizde kız çocuklarının okullaşma oranına bakıldığında, 1 ila 4'üncü sınıflar arasında, 4 yıl önce yüzde 99,6'ya çıkan okullaşma oranının, 2017 yılında yüzde 92,8'e düştüğü görülüyor. 9 ila 12'nci sınıflar arasında ise kız çocuklarının okullaşma oranı Batı illerinde yüzde 80 iken bu rakam Doğu illeri için yüzde 50'ye kadar düştü.

Ayrıca 10 Haziran 2018'de yayınlanan EğitimSen'in '**Eğitimde Cinsiyetçilik**' raporunda *"Kız çocuklarının okula gitme oranı giderek düşüyor. Okula giden kız çocuklarının önemli bir kısmı ise imam hatip liselerine gönderiliyor. 2016-2017 döneminde açık öğretim imam hatip lisesine kayıtlı öğrencilerin %64'ünü kız öğrenciler oluşturuyor"* denildi. Raporun en dikkat çeken verilerinden biri de 1 milyon çocuğun tarikatların elinde olduğunu belirtmesiydi.

Eğitim birliğini tartışmaya açan bu verilere, ders kitaplarında ve eğitimde toplumsal cinsiyet rollerinin dayatılması, kız çocuklarına daha çok ev içi alanda ya da bu rollere uygun meslekler tavsiye edilmesi de ekleniyor. Ayrıca raporda MEB Ortaöğretim

Kurumları Yönetmeliği'nde, *"Evli olanların kayıtları yapılmaz, öğrenci iken evlenenlerin okulla ilişiği kesilerek kayıtları e-okul üzerinden Açık Öğretim Lisesine veya Mesleki Açık Öğretim Lisesine gönderilir"* denilerek çocuk yaşta evliliklerin önü açıldığına dikkat çekiliyor.

Yine TÜİK verilerine göre, son 10 yılda 482 bin 908 kız çocuğu devletin izniyle evlendirildi. Son 6 yılda 142 bin 298 çocuk anne oldu ve bu çocukların büyük kısmı dini nikâh ile evlendirildi. Sonuçta tüm bu bilgilerin ışığında, Türkiye'de çocuk istismarı vakalarının yüzde 700 artarak 300 bini geçtiğini de vurgulamak gerekiyor. Bu resmi tamamlayacak son veri ise öldürülen kadınlarla ilgili istatistikler... Kadın Cinayetlerini Durduracağız Platformu 2017 veri raporuna göre 409 kadın erkekler tarafından öldürüldü, 387 çocuk cinsel istismara uğradı. 2018 yılında ise 440 kadın öldürüldü, 1217 çocuk istismara uğradı. Bu rakamlardan ortaya çıkan en net sonuç şu: Bu ülkede kadınlara ve çocuklara yönelik şiddet ve istismar artıyor, her geçen gün yakınları tarafından öldürülen kadın sayısı da artıyor.

Tüm bunların üzerine ülkeyi yönetenlerin, kadınların hukuk zemininde kazanılmış haklarının yok edilmesi anlamına gelecek tercihleri de eklenince fotoğraf tamamlanacaktır: Milli Eğitim Bakanlığı'nın eğitimde toplumsal cinsiyet eşitliği projesi ETCEP'i kaldırması, YÖK'ün tutum belgesinden eşitliği çıkararak 'adalet eşitliği'ni getirme kararı yani erkeğin kadın için merhamet etmesini öncelemesi, Cumhurbaşkanı'nın İslam Konferansı Örgütü'nün kadının erkeğe iyi bir eş olarak yetiştirilmesini isteyen Kadının İlerlemesi Teşkilat Tüzüğü'nün çıkarılması için Meclis'e göndermesi gibi. Başta Türkiye Cumhuriyeti Anayasası olmak üzere Medeni Kanun'a ve Türkiye'nin uluslararası yükümlülüklerine de aykırı düzenlemeler açık bir tehdit olarak görünüyor.

Dolayısıyla 21. yüzyılda ortaya çıkan Türkiye fotoğrafı bu iken ve bu fotoğraf kimilerinde karamsarlık yaratıyor iken, 19. yüzyıldan gelen bir kadının başardıkları üzerinde durulması, günümüzün karamsarlığını da dağıtacaktır. Gerçi bugünün verileri, sanki geçmişte yaşanan mücadeleye ihanet edilmiş duygusu da vermiyor değil. Böyle bir gerçek yüze vurunca insanın dikkatini toplaması zorlaşıyor yine de düşünce bütünlüğünü korumalı, geçmiş tahlillerini yoğunlaştırarak olana ve olması gerekene odaklanmalı. İşte Halide Edip'i araştırmak ve anlatmak bence bu açıdan da gerekli.

Sonuçta Osmanlı tebaasından cumhuriyet yurttaşlığına geçişte aydınlanma toplumu hedefine eşit bir şekilde herkes uyum sağlayamadı. Nehir geriye akar mı? Akmaz ama zaten sosyoloji böyle bir şey, toplum yavaş yavaş dönüşüyor ve toplumu oluşturan bireyler eşit bir gelişim sağlamadığından arada kimi zaman geriye gidilmiş gibi hissediliyor. Neyi nerede kaçırdık, arada durup bir tahlil etmek gerekiyor. İşte Halide Edip'in yaşam öyküsü bana bu tahlil imkanını verdi.

19. yüzyılda bir kadın Osmanlı toplumunda kendisine sunulanla yetinmemiş, özel yaşam koşulları itibariyle rahatı köşklerde-yalılarda yerindeyken, çağının atmosferinden etkilenip, yollara düşmüş. Belki amacı bugün anladığımız anlamda bir hak mücadelesi değil ama ülkesindeki savaşta aktif rol almış, tamamiyle erkek dünyasında varolmuş ve haksızlığa itirazlarıyla farklı alanlardaki farklı mücadelelerin ana oyuncuları arasına girmiş… İnsan Halide Edip'i kısa ve öz düşündüğünde bile, yani sadece az bilgiyle gözünde canlandırdığında bile 'vay be' demekten kendini alamıyor.

Ayrıca daha yolun başında, Halide Edip ile ilgili kitap yazma fikri doğduğunda kanaatim, anlatılacak hikâyenin gücünü artıracak çeşitli yan unsurların var olduğuydu. Biraz da bu kanaatin gerçek olup olmadığını aradım onun hayatında aslında. Halide Edip'in yaşamın sunduğu eşsiz fırsatlarından biriyle karşılaştığı, zira savaşın tam içinde bulunup, başkomutanın yanında yer alarak tanıklığını aktardığı, bir gazeteci titizliği ile ama romancı dili ve gözlemleriyle yaşananı anlatma becerisi gösterdiği, yani eşsiz fırsatı eşsiz bir şekilde değerlendirmeye çalıştığı, çocukluğundan gençliğine, tarihin özel bir döneminde yetişen özel bir kadın olduğu kanaatindeyken bütün bunların gerçeği yansıtıp yansıtmadığını merak ettim.

Merak ettiğim bir başka şey daha vardı; Cumhuriyet'in o ilk yıllarında yaşanan ihtilaflar, ayrılıklar arasında Halide Edip'in tutumu ve hatta Mustafa Kemal'in Nutuk'ta onun ismini gündeme getirmesiyle hatırlanan mandacılık tartışmasının perde arkası. İnsan neden diye sormadan edemiyor. Sonuçta kurucu lider Mustafa Kemal Atatürk'ün kadrosuydular, bir nevi çağdaşlaşma için sosyal mühendislik ordusuydular. Ancak bu ordunun içinde yer alan kimi karakterler zaman içinde itirazlarıyla tartışma yaratıp, uzaklaşıp, kayboldular. Halide Edip ise önemli aktörlerin arasında itirazlarıyla tartışma yaratmıştı ve evet uzaklaşmıştı ama kaybolmamıştı. Çünkü onun çok yönlü bir kişiliği vardı; o sadece Kurtuluş Savaşı'nın aktarımcısı bir kahraman değil, Türk edebiyatının ve bu toprakların kadın hareketinin öncülerinden biriydi; Kurtuluş Savaşı yıllarında öne çıkan ve Cumhuriyetin heyecanına kendini kaptırıp, yine ön saflarda belirleyici olmayı başarmış biriydi.

Sonuçta Türk edebiyatının en değerli isimlerinden ve de sadece bir yazar değil; edebiyat profesörü, akademisyen ve öğretmen olan Halide Edip, aynı zamanda bir siyasetçi ve milletvekiliydi, bu ülkenin özel kadın karakterlerinden biri olarak tarihe geçti.

Halide Edib ile ilgili edindiğimiz çoğu bilgiyi zaten anılarında kendi anlatmıştı, *Mor Salkımlı Ev* ve *Türkün Ateş ile İmtihanı* adlı kitaplarında o yaşadıklarını anlatırken, onlar dönemin olaylarının da tanıklığını aktaran belgelerdi. Dolayısıyla hakkında fazlasıyla yayın bulunabilen, üstelik kendisini kitaplarında da anlatan Halide Edip'i araştırıp, hissedip, yorumlamak istememin nedeni hem bu model kimliği hem de bu cesareti nereden aldığını anlama isteği...

Zaten Kurtuluş Savaşı ve Cumhuriyetin ilk yıllarına ilişkin araştırma yaptığınızda onun anıları-kitapları da bakmanız gereken kaynaklar arasında karşınıza çıkıyor. Nasıl ki, Falih Rıfkı Atay gibi Halide Edip aktarımı olmadan da anlamanız mümkün olmaz.

Bu kitapta, Halide Edip'in hayat hikâyesini değil, onu anlama çabasını bulacaksınız. Dönemsel koşulları içinde bir kadının bugün bile cesaret edemeyeceği bazı kararları nasıl aldığını anlamaya çalışacağız...

Çocukluk, Hayata Hazırlanış

Toplumlar, tarihi kırılma süreçlerinden geçseler de statükoyu koruma refleksi gösterirler. Sanki bir hücre gibi kendini koruma refleksi ile kötü de olsa iyi de olsa değişime direnirler. Böylesi zamanlarda başka türlü bir yaşamın var olabileceğini hayal edebilenler çoğalır ve kazanırsa, toplumların da ülkelerin de devletlerin de önünü açarlar. Halide Edip işte o 'başka türlü bir yaşam' hayal edebilenlerden biriydi.

Öncelikle onun hayallerinin kaynağı çocukluğu özel bir ilgiyi hak eder. Halide Edip Adıvar, 1884 yılında Beşiktaş'ın Ihlamur semti yakınlarında, *"Mor Salkımlı Ev"* de dünyaya gelmişti ki 1926'da İngilizce olarak yazdığı, 1963'te Türkçesi yayımlanan *Mor Salkımlı Ev* isimli anılarında çocukluğunu anlatmıştı. Romana adını veren mor salkımlı ev, Halide Edip için huzurun, mutluluğun ve güvenin işaretiydi. Aynı zamanda farklılıkları fark edebilmesine neden olan olayların da mekânıydı.

> *"Bu ev, Ihlamur'a giden uzun caddeye inen, birbirine muvazi dik yokuşlardan birinin hemen hemen tepesindedir. Bu evden sonra gelen kocaman kırmızı kâgir konak, bu yokuşun son evidir. Tepenin solu koyu yeşil çamlar, nazlı söğütler arasında Abdülhamid'in Beyaz Saray'larını görürken sağ tarafı Adalar Denizi'nin mavi sularına bakar. Evin kendisi, çocuğun hafızasında Mor Salkımlı Ev yaftasını taşır. Bu ev, yarım asırdan ziyade, bazan da her gece, bu küçük kızın rüyalarına girmiştir."* [1]

Kimin rüyaları çocukluğunun geçtiği evde geçmez ki zaten... İnsanın hayata hazırlandığı, olaylara ve koşullara farkındalığının oluştuğu ve yaklaşımlarını, tepkilerini belirleyen, reflekslerle onu şekillendiren evdir, çocukluk evi. İşte o 'Mor Salkımlı Ev' de anlaşılan Halide Edip'in çocukluk eviydi.

Sultan II. Abdülhamid Devri'nde Ceyb-i Hümayun *(Padişah Hazinesi)* kâtipliği yapan babası, Yanya ve Bursa Reji Müdürü Selanikli Mehmed Edib Bey, annesi Eyüplü Nizamizade ailesine mensup Fatma Bedrifem Hanım'dı.

Kendisine anılarında *"Haminne"* olarak hitap ettiği Nakiye Hanım yani anneannesi ise Halide Edip'in hayatında daha etkin bir karakterdi. Nakiye Hanım Mevlevî kültürünü temsil eden bir Osmanlı kadınıydı. Nizamizade ailesine mensup bu Eyüplü, Mevlevî anneanne ile karısına hayran büyükbaba, Halide Edib'in eserlerindeki ideal, yaşlı Türk tiplerini oluşturmuşlardı. Büyükbaba, Sultan Reşat'ın kahvecibaşılığına kadar yükselmiş Kemahlı dürüst bir adamdı. Sert bakışlıydı büyükbaba ve torununa Doğu Anadolu'daki Rus savaşlarını anlatan bir hafızayı temsil ediyordu. Çocukluk günlerinde savaş hikâyeleri ile besleniyordu Halide Edip'in hayal dünyası...

Sonuçta o temiz, beyaz ve mor salkımlı 'anneanne evinin' izlerini taşıdı Halide Edip, çünkü annesini genç yaşta veremden kaybetmişti. Annesi verem olmakla birlikte doğurduktan sonra bebekle birlikte ölüyor. Çocukluğunun en hüzünlü anısı annesiydi, o yüzden anılarında annesini renksiz ve hastalıklı bir atmosferde anlatıyordu.

"Bu loş gecede, anasının yüzünü o yatakta ilk defa hatırlar: Solgun, zayıf bir yüz, hasta yanaklara gölge veren uzun ipek kirpikler ve aralarında ışıldayan büyük siyah gözler. Haminne'ye hiç benzemeyen bir yüz. Esasen bu renksiz hasta yüze uymayan renkli, güzel dudakların ifadesi, Mor Salkımlı Ev'de çok geçmeden toprağa karışan bu genç kadını fazla hatırlatacak unsurlardır. Adı Bedrifem idi."[2]

Annesiz bir çocukluk... İmparatorluğun başkenti İstanbul'da Osmanlı İmparatorluğu'nun yıkılma devrinde dünyaya gelmiş, ilk çocukluk yılları bu atmosfer içinde geçmişti. Ülkenin fırtınalı günleri gibi babasının fırtınalı hayatının etkisi altında büyüdü.

Babasının çokeşli olması sebebiyle hem babasının hem de anneannesinin evinde yaşamak zorunda kalan, anneannesinin evinde yaşadığı yıllar eserlerine ideal Türk-Müslüman evinin dekoru olarak geçen Halide Edip'in ikinci evi, babasının, evlendikten sonra oturduğu evdi. Bu semt, Ermeni ve Rum azınlığının yoğun olarak yaşadığı bir semtti. İngiliz geleneklerine hayran olan babası Edip Bey, kızının giyim ve beslenmesinde İngiliz terbiyesini esas aldı.

Halide Edip'in erkek egemen bir toplumda erkekler dünyasında var olma mücadelesinde başarı kazanmasında elbette babanın etkisi var. Öncelikle 'Halit' ismini vereceği bir erkek evlat beklerken 'Halide'yi büyüten baba karakteri, onun yollarını kısaltan, ona gerekli eğitimi sağlayacak şekilde yaşantısını küçüklükten itibaren dizayn eden etkin bir karakter. Babasının yaklaşımından dolayı kendine güveni artan, dürüst, dobra bir kişiliğe sahip olan Halide Edip gibi bir çocuk için anne modelinin yerini doldurmak güç değil. Halide Edib'in hayatında annesi Bedrifem Hanım'dan çok, anneannesi etkili olması muhtemelen boşluğun dolmasıydı. Ama anneannenin yanı sıra çok farklı kişileri de çocukluktan itibaren yaşantısında, elbette karakterinin oluşumuna etkileyecek şekilde var olduklarını görüyoruz.

Eşini kaybettikten sonra Mehmed Edib Bey, genç bir hanımla evlendi. Aslında bu babasının üçüncü eviliğiydi. İlk evliliğini Halide Edip 4 yaşındayken yapıyor. Babasının evliliği Halide'yi derinden etkiledi. Yıldız'da Sultan II. Abdülhamid'in ikamet ettiği saraya yakın bir konağa taşınmışlardı.

Halide için yeniliklerle dolu günlerdi. Hem yeni bir ev hem de bir üvey anne... Gerçi üvey annesi hakkında olumsuz anlatısı yok ama genel olarak anıları zor günler yaşadığına işaret ediyor. Zira hastalanarak Mor Salkımlı Ev'e geri dönecek, önce dayısının ve aynı hafta içinde de büyükbabasının ölümüyle karşı karşıya kalacaktı.

Halide Edib anılarında, bu dönemlerinde geçirdiği buhranlar ve sinir krizlerinden söz ediyor. Uzun uzun doktorların ve aile çevresinin geleneksel yöntemleriyle tedavisine uğraşıldığından bahsediyor. Bir de uzun uzun hocalarından...

"Bir zaman sonra küçük kız kendini tekrar Mor Salkımlı Ev'de buldu. Bu defa evde bir de Saraylı Hanım hâsıl olmuştu. Üst katı -Kemal dayının odası müstesna- bütün odaları ile işgal eden bu ufak tefek, zayıf Saraylı Hanım'ın fevkalâde elmasları, Avrupaî muhteşem eşyaları, bir de Çerkez halayığı vardı. Esvapları başka kimseninkine benzemezdi. Mahmure abla onun taklidini yapar dururdu. Bu Hanım, uzun müddet Saray'da hocalık ettikten sonra, nihayet o zaman Saray'a intisabı olan Büyükbaba'nın evine çırak edilmişti. Zamanına göre okumuş yazmış, çok kültürlü bir insandı. Onun zengin kütüphanesi, küçük kızın kültürünün bir kısmını hazırlamış, okuyabilecek bir yaşa geldikten sonra bu kütüphaneye dört elle sarılmıştı."[3]

Halide Edib'in eğitim hayatı, Yıldız civarında Saray'a mensup tanınmış Hıristiyanların küçük çocuklarının gönderildiği kreşle başladı. O kreşe giden tek Türk çocuğuydu. Neden ve nasıl gittiğini hatırlamasa da bu kreşte, öğretmeni Eleni ile ilişkisini yaşamının *"en derin ve en uzun aşkı"* diye niteleyecek ölçüde yakınlık kurmuştu.

İngilizlere ve İngiliz kültürüne hayran olan Mehmed Edip Bey, kızının giyiminden beslenmesine kadar İngiliz terbiyesini örnek alıyordu. O yıllarda İstanbul'da yaygın olduğu gibi Halide Edib de eğitim yaşı geldiği zaman, ilk olarak evinde aldığı özel derslerle kendisini geliştirecekti.

Aile olarak Üsküdar'da bulunan İbrahim Paşa Konağı'nın yan kısmına taşındıkları sıralarda kızının eğitimiyle yakından ilgilenen Mehmed Edib Bey, Üsküdar'da meşhur askeri kışlanın yanındaki Selimiye Camii'nin imamını hoca olarak eve getirdi. Aynı zamanda kızına özel piyano dersleri de aldırıyordu.

Bu sıralarda üç yıl boyunca ailenin yanında kalan Eğinli Ahmet Ağa, Halide'ye ilk zamanlar Battal Gazi, sonra Ebu Müslim El-Horasânî ve Hazreti Ali'yi konu alan hikâyeler okudu. Elbette bu hikâyeler de onun zihin dünyasında büyük etki bıraktı.

Üsküdar'da birkaç ev değiştiren aile, sonunda Şemsi Paşa Yalısı'nın yan kısmında yer alan bir eve taşındı. Bu sırada Halide yaşı büyütülerek Üsküdar Amerikan Kız Koleji'ne verildi. Halide yedi yaşındaydı ama okulun yaş sınırı on birdi. Buna göre ayarlanarak okula yazdırılan Halide Edip, okulda öğrendiği Batı değerleriyle, içinde yetiştiği Doğu değerlerini karşılaştırmaya başladı.

Eğitim hayatının da etkisiyle geniş bir dünya görüşüne sahip olan Halide Edip, hem okulunun etkisiyle hem de çağın ruhundan kopmayan karakteri nedeniyle ülkesinin gündemini de yakından takip ediyordu. Ancak eğitimi yarıda kalacaktı çünkü padişahın *"Hıristiyan okullarında Müslüman öğrencilerin okutulmayacağı"* emri üzerine okuldan ayrılmak zorunda kalacaktı.

Sonradan Robert Kolej adını alacak alan Amerikan Koleji'nin Üsküdar'daki binasında çok donanımlı bir eğitim alırken, ayrılmak zorunda kalması üzerine çok üzüldü. İlk gençlikte karşılaştığı bu olaydan etkilendi ve padişaha-otoriteye karşı içindeki gençlik isyanı ateşlendi, itiraz etme cesareti de içinde büyümeye başladı.

Ayrıca bundan sonraki süreçte Mor Salkımlı Ev'de özel dersler alarak eğitim hayatına devam eden Halide'nin bir de mürebbiyesi vardı. Ardından yeniden Üsküdar Sultantepe semtinde bir ev satın alan babasıyla birlikte yaşamaya başlayan Halide, Saraylı Teyze'nin, Mehmed Edib Bey'den ayrılması ile güncel hayat bilgisine yeni bir kavram daha kattı ve yaşamın öğretilmiş klasik aile kavramından ibaret olmadığını bir kez daha kavradı.

Elbette sadece bir okulun yansıttığı eğitimi değil, farklı kişilerden özel bir eğitim alması da Halide Edip'i farklı kılacaktı. Örneğin zamanında İtalya'da sahne almış Madam Livardali'den ders aldı. Tam bir primadonna olan Madam Livardali Halide Edip'e şarkı dersi veriyordu. *"Maamâfih bir ihtiyar ve emekli primadonna o devirde beni İtalyan musikisinin dramatik ruhunun içine daldırdı"* sözleri ile anladığımız ise, bu hocanın onun dünyasına bir renk daha kattığıdır.

Fransız Edebiyatı öğrenmek için Doktor Rıza Tevfik'ten ders alan Halide, dönemin en dikkat çeken karakterlerinden biriyle de bu sayede tanışmış oluyordu. Doktor Rıza Tevfik'in lakabı filozoftu ve inanılmaz taklit yeteneği ile Osmanlı topraklarında yaşayan türlü türlü halkı yansıtabiliyordu. Rıza Tevfik ile Doğu edebiyatının mistik yanlarını da keşfeden Halide'nin şiire olan ilgisi artacaktı.

Arapça derslerinin yanı sıra İngilizce dersleri de ihmal edilmemişti. Öğretmeni, Hindistan'da büyük bir çay tüccarının eşi olan ve kocası öldükten sonra çalışmak zorunda kalan bir İngiliz'di.

Kızıyla birlikte evine yerleşen bu hocası ile Halide, sadece dil öğrenmedi, İngiliz edebiyatı üzerinde çalışarak, özellikle Shakespeare ve G. Eliot'a ait eserleri okuyarak roman yazarlığı yolculuğuna başladı. Bir yandan da Hindistan ile ilgili çok şey öğreniyor, adeta dünyanın öteki ucuna seyahat ediyordu. Bir roman yazarı olarak Halide Edip'in gelişmesine katkı yapan işte bu hocasıydı.

"Ben bu hocaya, bilhassa Hindistan için, içimde uyandırdığı alâkadan dolayı minnettarım. Evvelki hocalarımdan onun farkı, sadece kültür sahasında değildi. Büyük bir adammışım gibi benimle ciddî meseleler konuşur, hayatının her tarafını bana anlatır dururdu. Bu, bende bir gurur uyandırmıştı. Kardeşlerime birtakım çocuk hikâyeleri ve şiirler okurdu. Fakat bana İngiliz Edebiyatı'na, bilhassa Shakespeare ve G. Eliot'a dair parçalar okutuyordu. Romancı olarak ihtisasımın kurumlarını bu kadın atmıştı diyebilirim."

Eğitimini Sultantepe'deki evde sürdürdüğü bu dönemde, İngiliz hocasının teşvikiyle ilk tercümesini yaptı ve Jane Abbott'tan *"The Mother"*ı Osmanlı çocuklarına kazandırdı. Amerikalı ünlü çocuk kitap yazarı Jane Abbott'un kitabı İstanbul'da 1897 yılında *"Mader"* adıyla basıldı. Ve bu tercüme Halide Edib'in, 1899 yılında Sultan II. Abdülhamid tarafından *"Şefkat Nişanı"* ile ödüllendirilmesini de sağladı. Ancak kendisi bu durumdan pek de memnun kalmamıştı.

"Benim derslerim, daha evvel de dediğim gibi beraberce edebiyat parçaları okumaktan ibaretti. Fakat aynı zamanda da Mother adlı bir kitaptan da

tercümeler yaptırıyordu. Bu tercümeleri o zaman bize sık gelen Mahmud Esat Efendi tashih etti, daha doğrusu yeni baştan kendisi o zamanın olgun eski Türkçesi ile yazdı. Mahmud Esad Efendi bu eseri o kadar beğenmişti ki benim ismimle basılmasını teklif etmiş, babam da derhal kabul etmişti.

1897'de Yıldız'da Türk-Yunan Harbi şehitlerinin aileleri menfaatine açılan sergiye göndermişti. Oradaki komisyon Mader adını taşıyan bu küçük esere bir kıymet vermiş olacak ki bana bir şefkat nişanı verdiler. Bu, beni hiç de memnun etmedi. Evvelâ, eser benim değil, Mahmud Esad Efendi'nindi, sonra da Abdülhamid, o yaşta dahi bende öyle kötü bir his uyandırmış idi ki onun tarafından taltif edilmek bana bir şereften ziyade bir zillet gibi geldi."

Beğenmediği bir iktidar temsilcisinin onurlandırmasına ihtiyacı olmadığı ifade eden bu sözlerde kendine güveni görülmüyor mu? Aşikâr olan şu ki, ruhunda ve aklında nasıl bir dünya arzu ediyorsa o dünya, Osmanlı Padişahı II. Abdülhamid yönetiminde değildi.

Böylesine renkli simalardan farklı dersler alarak evindeki eğitim günlerine yine Üsküdar Amerikan Kolejine dönerek veda eden Halide Edip için babası özel bir izin aldı ve bu kez yatılı olarak 1899 yılında ikinci kez Üsküdar Amerikan Kız Koleji'ne gitti. İngilizce ve Fransızcasını evde de ihmal etmeyen Halide'nin dile yatkınlığı, farklı kültürlere merakı dikkati çekiyordu.

Anılarında Üsküdar Amerikan Kolejinin ona kattıklarını uzun uzun anlatan Halide Edip, İngiliz, Fransız, Amerikalı ve Bulgar gibi hem farklı ülkelerden hem de farklı dinlerden birçok arkadaş edindi. Bir insan tanımak adeta farklı dünyaya girmek demekken, o genç yaşta farklı medeniyetlerle tanışmış oldu. Özellikle Hristiyanlık ile ilgili edindiği bilgiler ışığında, o güne dek namazını kılan ve diğer dini vecibelerini yerine getiren bir Müslüman olarak duygusal ufkunun nasıl genişlediğini anlattı. Hristiyanlığın yanında Budizm'den de etkilendi ve ilk gençlik yıllarındaki içsel dönüşümleri içinde kendisine değişik açık kapılar buldu ve o kapılardan geçti, etkileşime girdi.

İnsan ilk gençlikte etkileşime hem daha açık oluyor hem de sorularına illaki yanıt bulmak istiyor ve yorulmadan cesaretle sorguluyor, sonunda samimiyetle bulduğu yanıtları güçlü bir şekilde benimsiyor. Halide Edip'i ilginç kılan ilk gençliğinde edindiği eğitimin de etkisiyle farklı dinlerden zengin bir birikimden beslenen adeta kadim dünya bilgisiydi belki de.

Ancak onun farkını ve özelliğini daha iyi anlamak için çağdaşlarının durumunu da görmek gerekiyor. 1901'de Üsküdar Amerikan Kolejinden mezun olduğunu düşünecek olursak Abdülhamid dönemindeki eğitime özellikle de kızların eğitimine odaklanmak iyi olacaktır.[4] Osmanlı'da ilk İnas İdadisi yani kızlar lisesi 1911'de açılmıştı. 'II. Abdülhamid Dönemi'nde Kız Rüştiyeleri' başlıklı Songül Keçeci Kurt'un[5] araştırmasında yer alan bilgilere göre Osmanlı Devleti'nde sıbyan mekteplerinde *(İlkokul)* okutulan kız çocuklarının şanslı olanları zengin çocuklarıydı ve evlerinde özel ders alabiliyorlardı. Gerçi Tanzimat'tan itibaren Avrupalılaşmanın etkisiyle kızlar için rüştiye *(Ortaokul)* derecesinde okullar ve bu okullarda görev yapmak amacıyla da kız öğretmen okullarının açılması gündeme gelmişti ve özellikle II. Abdülhamid zamanında yeni okul binaları yapılmıştı ama bunlar sayıca oldukça azdı.

İlk kız rüştiyesi 6 Ocak 1859'da İstanbul'un Sultanahmet semtinde açıldı. İlk kız rüştiyesinin açıldığı tarihte İstanbul'da

13 erkek rüştiyesi vardı. Tanzimat Devri ile II. Abdülhamid Devri arasında öğrenci sayılarında 3-4 kat artış oldu. Özel okullar yaygınlaştı, 1871'de İstanbul'da 8 adet kız rüştiyesi ve buralarda 207 kız öğrenci vardı. Oysa o tarihte İstanbul'da 14 adet erkek rüştiyesi ve buralarda 1421 erkek öğrenci bulunuyordu.[6]

Başka kaynaklarda da benzer verilere ulaşmak mümkün, görüldüğü gibi Dâr'ül-muallimât'ı *(Öğretmen okulu)* bitiren kızların sayısı sürekli artıyordu. Mezun sayısı arttıkça genç kızların rüştiyeye yöneldikleri de tespitler arasında. Dr. Bernard Caporal'ın sunduğu verilere göre[7], 1893'te, İstanbul'da 9 rüştiyede kayıtlı 313 kız öğrenci varken, 1903'te 11 rüştiyede 1640 kız öğrenci okuyordu. Kızlar için ilk lise Abdülhamit döneminde 13 Mart 1880'de İstanbul'da açılırken, 1884'te, Kız Sanayi Mektepleri gibi teknik okullara yeni bir düzenleme getirilmiş, öğrenim süresi beş yıla çıkarılmıştı. Bu tarihten sonra sayıları çoğalan ve daha önce Savaş Bakanlığı'na bağlı olan bu okullar, 1887'de Eğitim Bakanlığı'na bağlanmıştı.

Abdülhamit'in düşüşünden sonra Jön Türkler, öğretimi yeniden örgütlemek ve düzenlemek istemişler, İttihat ve Terakki'nin 1911'deki IV. Kongresi'nde kabul edilen çok iddialı siyasal programının 18. maddesi, ilköğretimin zorunlu ve parasız olmasını belirtirken, orta ve yükseköğretimin genelleştirilmesini öngörmüştü. Programa göre kadının eğitimi hakkında 'olanaklar ölçüsünde kız okullarının iyileştirilmesi ve sayılarının artırılması' hedeflenmişti. Hedefler ortaya konmuştu ama bu hedeflere ulaşılması o kadar da kolay değildi. 1877'de 9 kız rüştiyesi vardı ve bu rüştiyelerde 309 öğrenci, 38 öğretmen görev yapıyordu. Yine İstanbul'da aynı tarihteki 21 erkek rüştiyesinde ise 1795 öğrenci okuyordu.[8] Arada büyük bir fark olduğu gayet açık...

Son olarak bir rakam daha verelim; 1903 yılında da İstanbul'da 11 rüştiyede 1640 öğrenci bulunuyor ve 70 öğretmen görev yapıyordu. Mirgün, Beşiktaş, Fındıklı, Üsküdar, Sultanahmet, Eyüp, Molla Gürani, Kadıköy, Fatih ve Kocamustafapaşa'da kız rüşdiyeleri bulunuyordu. Ayrıca bu dönemin sonunda Makri *(Bakır)* köyünde bir mektep daha açılarak kız rüştiyelerinin sayısı 12'ye çıkarıldı.[9]

Elbette okul sayısı kadar verilen eğitimin niteliği de önemli. 1869'dan başlayarak uzun yıllar programın değiştirilmesi yönünde raporlar yazıldı ve zaman zaman özellikle İkinci Meşrutiyet Dönemi'nde tüm okullarda program değişiklikleri yapıldı. Bu okullarda özellikle ilk yıllarda okuma yazma ve temel dini bilimler dersi verilirken daha sonraki yıllarda ise bunlara ek olarak pozitif bilimler de öğretilmeye başlandı.

Bu dönemde kız öğretmen okulunda öğrenci olan Belkıs Hanım'ın, Dr. Bernard Caporal'ın kitabında yer alan anısı o dönemde okula gitmeyi başaran genç kızların ruh halini ve koşullarını yansıtıyor:

> *"Başımıza kalın başörtüler bağlıyorduk ve çenemizden topuklarımıza dek uzanan siyah entariler giyiyorduk (...). Başörtünüzün bir ucu kazara başınızdan azıcık kaymaya görsün, o saat disiplin kuruluna verilirdiniz. Işıkta perdeler açıkken pencere önünde bulunan kızlarsa hemen müdire hanımın huzuruna çıkarılırdı. Sakın sizi kalkık peçe ile sokakta görmesinler, çünkü bu davranış da size sert bir cezaya mal olacaktır..."*

Kadına yönelik baskının boyutlarını gözler önüne seren bu anı, o dönemdeki toplumun kadın-erkek eşitsizliği açısından da durumunu ortaya koyuyor. Benzeri zihniyetin şimdi de yaygınlaşmaya ve uygulanabilir olmaya çalışması tesadüf değil elbette, o yüzden 'eski' diyoruz ya...

Burada vurgulanması gereken bir diğer konu ise, kızlar için okullaşma oranının Batı'da özellikle de İstanbul'da söz konusu olduğu ama bunu imparatorluğun geneline yaymanın mümkün olmadığıdır. Kız rüşdiyeleri genellikle Anadolu'nun batısı ve Rumeli topraklarında yoğunlaşırken, Doğu ve güneydoğu illerinde hiç yoktu. Bu kitabın konusu değil ama kız çocuklarının okutulmaması gerçeğinin Osmanlı'dan devralınan bir sorun olduğunun da 'eski'liğinin de altını çizmeli...Altı çizilmesi gereken bir başka konu da bu dönemde her ne kadar göreceli olarak kız çocuklarının okuması için çabalar sarf edildiğini görsek de okullarda verilen eğitimin cinsiyetçi bir bakış açısıyla kızları hem iyi bir ev yöneticisi hem de bir anne ve eş olmaları amacı güdülerek şekillendirilmesi... Zamanına ters düşmeyen bir tavır diyebilirsiniz elbette. Genel olarak eğitim zaten cinsiyet rolleri gözetilerek planlanıyor ve böyle şekilleniyor, özellikle kapitalist sistemin emek gücünün karşılandığını da yorumlayabiliriz.

Sonuçta kız çocuklarına eğitim vermek için kadın istihdamına ihtiyaç duyuluyor ve kadın eğitimci yetiştirilmeye başlanıyor. Halide Edip de yaşadığı toplumun ihtiyaçları içinde şekillenen bir iş alanında kendini gösteriyor ve yaşantısının belli dönemlerinde eğitimci olarak karşımıza çıkıyor.

Aşk...

Gençlik ateşi içinde bilgi açlığını barındırır. Öğrenme heyecanı ile beslenen ve söndürülemeyen bir ateş... Öğrendikçe büyüyen bir açlık ve yangın. Renkli karakterlerin elinde yoğrulmaya başlayan ve bilginin farkındalığıyla öğrenme ateşi içinde yanan genç Halide Edip'in heyecanının aşka dönüşmesi son derece mümkün. Kim öğretmeninden etkilenmedi, hayran olmadı, bir süre hoşlanmadı ya da ona âşık olmadı ki...

Kız çocukları için eğitim almanın zorlukları bir önceki bölümde yer alan istatistiklerde açıkça görülürken, bu son derece sınırlı alanda evinde özellikle babasının desteğiyle farklı eğilimlerle eğitilen Halide Edip'in dikkat çekmemesi mümkün değil. Bilginin kıt olduğu bir yerde bilgiye ulaşmayı başarmış bir gencin hocasına heyecan vermemesi de düşünülemez.

1900 yılı sonlarında dönemin ünlü pozitivisti ve matematikçisi Salih Zeki Bey, Halide Edib'e özel ders vermek için Mehmed Edib Bey'in evine gelmeye başladı. Matematik dersi almayı kendisi istemişti. Babası da dönemin matematikle ünlenmiş isimlerinden biri olan Salih Zeki Bey'i ders vermesi için ikna etmişti. O sırada rasathane müdürü olan Salih Zeki, iki okulda da ders vermekteydi.

Halide Edip anılarında Salih Zeki ile ilgili ilk yorumu şöyle yapmıştı; *"hem büyük bir tecessüs hem de korku uyandırdı. Çünkü ta küçük yaşlarımdan beri onun riyaziyede bir dâhi olduğunun söylentilerini işitir dururdum"*. Bu sözlerle aslında hayranlık duyacağı bir karakterle karşı karşıya kaldığını itiraf etmişti. Ayrıca o güne dek doğu mistizmi, edebiyat, sanat ağırlıklı bir eğitim alırken, ilk kez pozitif bilimle keskin ve yoğun bir şekilde tanışacaktı. Zira pozitivizmi öğreneceği karakter hayatın her alanında aklı öne çıkaran ve Auguste Comte'tan etkilenen Salih Zeki Bey'di...

> *"Kendi yaşımla mütenasip olmayan bir görüşle kâinatın maddî realitelerini idrake kafam patlayacak kadar, ağrıyıncaya kadar çalışırdım. O devirden sonra artık bir taraftan şahsî hayatımın getirdiği, bazan faciaya kaçan buhranlar, bir taraftan da memleketimin bir türlü sonu gelmeyen ıstırablı meseleleri beni bir türlü kurtulamadığım akıntının içine sürükledi gitti. Yıllar yılı gençliğimin tabiî olan insiyaklerini boğdum durdum."*

Tatil döneminde sıkça görüştüğü Salih Zeki Hoca'dan tatil bitip de okula döndüğünde uzun mektuplar alan, bu mektuplarla adeta derslerini sürdürerek bilgi açlığını gidermeye devam eden Halide Edib, 1901 yılında okulda lisans derecesini aldı, Üsküdar Amerikan Koleji'nde bu dereceyi alan ve birincilikle mezun olan ilk Müslüman Türk kızı olma özelliğini kazandı. Okuldan mezun olduğu yıl Salih Zeki ile evlendi. Salih Zeki 40 yaşında, Halide ise 17 yaşındaydı.

Babasının itirazına rağmen kendisinden 23 yaş büyük biriyle evlenen Halide Edip'in iddialı ve güçlü bir karaktere sahip olduğunu yorumlayabiliriz ya da daha sonra boşandıklarını hatırlayıp, aşık olduğu için böylesine 'deli' kararlar verebilen bir romantik olduğunu düşünebiliriz. O yıllarda edebiyatın romantizm akımı gündelik yaşamı çok etkiliyordu. Kim bilir belki de o sırada Halide okuduğu romanların etkisiyle hareket eden bir genç kızdı.

Salih Zeki daha önce başından bir evlilik geçmiş hatta bir çocuğu olmuş babalığı tatmış biriydi. Halide Edip ise hem kendinden çok büyük, bilgili ve yaşam deneyimi yüksek biriyle yaptığı evliliğe uyum sağlamaya çalışıyordu, hem de çocuk doğurarak anne kimliğine alışıyordu. Yani yaşantısında köklü değişiklikler olmuştu. Evliliğinin ilk yıllarında büyük ölçüde eşinin çalışmalarına yardım etti, bu arada bol bol okudu ve çocuğunu büyüttü.

Aslında muhtemelen o dönemin yaygın alışkanlığı olduğu için hemen çocuk sahibi olmak istedi, önceleri sağlık durumu el vermedi. Çocuk sahibi olmaya çalışırken yine ciddi bunalım yaşadı. Duygusal olarak yıpranırken 20 yaşına geldiğinde çocuk sahibi olabildi.

Anneliğe adım attığı o yıllarda boş durmadı, özellikle çevirilerle ilgilendi. Emile Zola, William Sheakspeare okumaya, tercüme etmeye ağırlık verdi. Sadece okumak ve tercüme etmek değildi yaptığı. Aynı zamanda bu yazarların dillerine, anlatım biçimlerine ve üsluplarına dair de uzun uzun düşündü ve bu çalışmasıyla edebiyat alanında uzmanlaştı.

Bu dönemin Halide Edip'in hayatındaki yerini vurgularken, sadece edebiyat alanındaki gelişiminden söz etmek eksik olur. Onun Sheakspeare hakkındaki çalışması elbette bir roman yazarı olarak gelişimini etkilemişti ancak asıl vurgulanması gereken bence, onda oluşmaya başlayan kadın bilinci. Kadın hareketi tüm dünyaya yayılmaya başlamamışken Sheakspeare okumak Halide Edip'i kadın ve erkek yaklaşımları arasındaki farkları görmeye itmişti. Halide Edip bu döneme ait anılarında Sheakspeare hakkında şöyle bir değerlendirme yapıyor:

> *"Sanatta herhangi dâhiden fazla, şahsiyetten uzak kalmış olan Shakespeare, bana şu hakikati öğretti: Erkek ve kadın, sanatta ve kültür şekillerinde umumiyetle birbirlerinden başka hususiyetler göstermişlerdir. Maamâfih, deha denilen şey ve hatta muhitin üstünde anlaşılmayan bir kabiliyet bazan bir erkek dâhi, kadın ruhunu, kadınların ifade edemeyeceği bir derinlikle*

ifade ettiği gibi, kadın dâhi de sanatta bir erkek ruhunu bazan erkekten fazla anlıyor. Deha cinse göre değil, dâhinin ruhunun hususiyetine göre eser yaratıyor."

Yaşamak kadar okumak da insanı geliştiriyor ve değiştiriyor. İşte ergenliğinin hemen ardından evliliğinin ilk yıllarında hızla olgunluğa geçiş yapmak durumunda kalan, bir eş ve bir anne olarak hızla yeni konumuna uyum sağlayan bir kadın olan Halide Edip aynı zamanda da yaşam bilgisini felsefi alt metni sağlam kitaplardan derinlikli ediniyor. Soruyor ve sorguluyor. Yaşadığı ülkenin koşullarına belki de yabancılaşıyor. Karşılaştığı labirentlere itiraz ediyor.

Üsküdar Amerikan Lisesi'nden diploma alan ilk Müslüman kadın olması, doğu ve batı eğitimini birarada alması, Osmanlı'nın batılılaşma sancılarının tam da ortasında farklı kültürlerin etkisiyle yetişmesi onun yaklaşan fırtınada atacağı adımı şekillendirmişti, hissettirmeden. Bu renkli dünyasında babasının çok eşliliğine anlam veremezken, kendi başına da benzeri bir olay geleceğinden habersiz, aşık bir kadındı, kafasında kurduğu ideallerini yaşıyordu.

Tüm bunlara o dönemin politik iklimi de eklenince, insanı harekete geçiren birçok etkenin varlığı görünür oluyor. Zira İkinci Meşrutiyet'in ilanı, Osmanlı topraklarında yaşayıp da Kurtuluş mücadelesini ve Cumhuriyet'in kuruluşunu gerçekleştiren o kadroların etkilendiği ana olayların başında geliyor. O politik atmosfer, birçokları gibi Halide Edip'i de etkisi altına alan kasırga adeta...

Sakin sakin oğlu ve eşiyle beraber Beyoğlu'ndaki rasathane müdüriyetindeki dairesinde, yazları da Burgaz Ada'da yaşayan

Halide Edip, İkinci Meşrutiyet'in ilanı ile sükûnetli günlere veda eder. Zira Sheakspeare ile başlayan sorgulamasına politik bir bilinç eklenecektir ve ona şöyle dedirtecektir:

"1908'de tekrar Burgaz'a gittiğim zaman 24 Temmuz'da ilân edilen Meşrutiyet hemen hepimizde az çok sakin bir havaya düşen ve beklenilmeyen bir yıldırım tesiri yaptı."

Ülkenin yaşadığı siyasi fırtınalar içinde savrulurken, kendine göre bir düşünüş ve yaşam tarzı ortaya koyan Halide Edip, bu çok sevdiği evliliğini bitirmek zorunda kalacak, ayrılıktan yıllar sonra da resmen boşanacaktı. Salih Zeki'den hep ilk ve tek aşkı olarak söz edecekti. Hatta ikinci bir evlilik yapıp, çok da mutlu olacak ama Salih Zeki'ye olan aşkını unutamayacaktı. Öyleki ikinci evliliğinde Adnan Adıvar'ın Halide Edip'i tek taraflı ve büyük bir aşkla sevdiği, Halide Edip'in ise onun hayatındaki büyük yerini ancak ölümünden sonra anladığı anlatılıyor.

İkinci Meşrutiyet'in Kalemi

Osmanlı İmparatorluğu siyasi açıdan fırtınalı günler yaşamıştı. Tanzimat'ın ilanı, Islahat Fermanları ile hukuki, sosyal ve kültürel açıdan girilen Batılılaşma arayışları, 19. yüzyıl boyunca ülkenin ana düşünsel ve eylemsel kaygısıydı.

Batıdaki gelişmeler örnek alınarak, başta askeri ve teknik olmak üzere çeşitli sahalarda çalışmalar yapılırken 1876 yılında Kanun-i Esasi'nin kabul edilişi, Osmanlı Meclis-i Mebusanı'nın açılması, derken Sultan II. Abdülhamid'in 1877-1878 Osmanlı-Rus Savaşı'nı *(93 Harbi)* gerekçe göstererek Meclisi kapatması...

Politik atmosfer açısından gergin ama bir yanıyla da büyük değişimlere gebe günler yaşanıyordu. Bir daha hiçbir şeyin eskisi gibi olamayacağı gerçeğinin hissedildiği umut dolu günler... Padişaha muhalefet edenler, meşrutiyeti yeniden kazanabilmek ve hatta daha da ileri hakları alarak Batı türü bir toplum haline gelmek için çaba sarf ediyordu.

Padişah ise muhalif hareketleri sıkı bir şekilde kontrol altında tutma çabası sergiliyordu. Tüm yasaklama ve engellemelere rağmen genç kuşaklar Namık Kemal ve Şinasi gibi Yeni Osmanlıların önde gelen isimlerinin yazılarını ve eserlerini okuyor, onların yaktığı ateşle heyecanlanıyorlardı. Özellikle Batı tarzı eğitim veren okullarda okuyan gençler, yabancı dil bilmenin avantajı ile o günlerde Batılı kaynakları da takip ediyor ve elbette çıkan tüm yayınlarla zamanın ruhunu benimsiyorlardı. Zamanın ruhu, kamusallığın, yurttaşlığın, hukukun temellerinin atılıp, demokratik zemini geliştiren bir ortamı besliyordu.

Osmanlı İmparatorluğu'nda farklı farklı akımlar ortaya çıkmıştı. *"Osmanlıcılık, İslamcılık ve Türkçülük"* gibi fikir akımlarının varoluş temelinde aslında devletin siyasi birliğini koruma, medenileşmesini sağlama ve eski gücüne ulaştırma amacı olduğu gibi hepsi

Batı türü bir modern ülke yaratma çabasını içinde barındırıyordu.

Bu rüzgârdan Halide Edib'in düşünce dünyası da elbette etkilendi. Üstelik Halide Edip evlilik hayatının lojman sıkıcılığında derinden derine kendini geliştirme fırsatını bulmuştu. Adeta bilmeden siyasi kariyeri için hazırlanıyordu.

Evlendiklerinde, Sultan II. Abdülhamid'in muhalif kesimlere karşı sıkı denetimi sürüyordu. Yurt dışında yoğun bir şekilde faaliyetlerini sürdüren Abdülhamid muhalifleri farklı gruplara bölünmüş bir haldeydi. Bu duruma son vermek için 1902 ve 1907 yıllarında Paris'te yapılan Jön Türk Kongrelerinden bir sonuç alınamadı. Dışarıda Fransa'nın başkenti Paris'te ve içeride Osmanlı Devleti'nin Batıya açılan şehirlerinden biri olan Selanik'te örgütlenen muhalefet, çok geçmeden *"İttihat ve Terakki Cemiyeti"* adı altında birleşerek Sultan II. Abdülhamid yönetimine bayrak açtı. Ve mücadelelerin sonunda Meşrutiyet ikinci kez ilan edildi.

Bu sırada Halide ikinci çocuğunu da doğurmuş, çocuklarından arta kalan zamanda da hem okuyor hem de çoğunlukla eşinin kitaplarına yardım ediyordu. Halide Edib'in 1903 yılında ilk oğlu Ayetullah, bundan on altı ay sonra da ikinci oğlu Hasan Hikmetullah Togo dünyaya geldi. 1905 yılında gerçekleşen Japon-Rus savaşında batı uygarlığının bir parçası sayılan Rusya'yı Japonların yenmesinin verdiği sevinçle oğluna Japon Deniz Kuvvetleri Komutanı Amiral Togo Heihachiro'nun ismini vermişti.

Eşiyle aralarındaki ilişkiyi, *"Onun kölesiydim, zihninin kölesi"* diyerek tanımlayan Halide Edip Salih Zeki Bey'in *"Kamus-u Riyaziyat"* adlı eserini yazmada kendisine yardımcı oldu ve ünlü İngiliz matematikçilerin yaşam öykülerini Türkçeye çevirdi. Ayrıca o yıllarda birkaç Sherlock Holmes hikâyesinin de çevirisini yaptı. Daha önce de Fransız edebiyatçılarının ve bilhassa Emile Zola'nın yapıtlarına büyük ilgi duymaya başladığını, İngiliz edebiyatının ünlü ismi Shakespeare'e özel ilgi gösterdiğini belirtmiştik. Halide Edip bu dönemde *"Hamlet"*in çevirisini yaptı.

İkinci Meşrutiyet ilan edildiğinde Burgazada'da yaşıyordu. Seçimler yapıldı ve Meclis-i Mebusan tekrar açıldı. Bu haber onda büyük bir sevinç uyandırdı, meşrutiyet havasının heyecanına katıldı. Onun için artık yeni bir dönem başlıyordu.

Meşrutiyet'in ilan edildiği günü anlatan aşağıdaki cümleler onun ve Osmanlı halkının nasıl bir ruh haliyle karşı karşıya olduğunu bize açık ve net gösteriyor.

"15 Temmuz'da Resne, Üsküp ve Manastır'da Meşrutiyet ilân edilmiş, Abdülhamid'e çekilen bir telgrafta, şayet Meşrutiyet resmen ilân edilmezse Üçüncü Ordu'nun İstanbul üzerine yürüyeceği bildirilmişti. İşte 24 Temmuz'da Meşrutiyet ilânı bunun neticesi idi. Evvelâ İstanbul, gökten iner gibi bir tebliğ ile ilân edilen Meşrutiyet'e tereddütle baktı. Orada burada halk toplanıyor, alçak sesle konuşuyor, bunun bir tuzak olup olmadığını birbirlerine soruyorlardı.

Ertesi gün, İkdam ve Sabah gazeteleri bundan bahsetmişlerdi. O gece sabaha kadar uyumadım. Konuşuyor, durup düşünüyorduk. O sıcak, tatlı temmuz akşamında mis gibi kokan bahçede dolaşıyorduk. Hepimizin kafasını, ihtilâlleri takim eden tedhiş ve kıtal haberleri tazip ediyordu.

Tanzimat'ın, hürriyet, müsavat, adalet, kelimelerine bir de, Hıristiyan vatandaşları da içine alacak olan "Uhuvvet" ilâve edilmişti. Zavallı Haminne: "Sizin Meşrutiyet dediğiniz şeyi bize Midhat Paşa verdi, verdi amma kafası ile ödedi," diyordu.

> *O gün gazeteler altın yazılarla yazılsa millet değerini ödeyip alacaktı. Bir dostumuz, herkesin sokaklarda birbirine sarıldığını bize haber verdi. Diyordu ki: "Babıâli'de hiç yüzlerini görmediğim adamlar bana sarıldılar, ihtilâllerin kanlı ve çirkin tarafı bizim bu mübarek ihtilâlimizi kirletemez."*

Yöneticilerinden daha ileride bir düşün ve kavrayış içindeki halkın, zincirlerini kırmışlık hissi tanıdık geliyor, değil mi... Toplumsal yapının ilerleme ivmesi oluyor, statüko ise hep kendini var etmeye, konumunu korumaya, gitmemeye-değişmemeye çalışıyor. Bunu yaparken de hep baskı hep zulüm. Tarihin hızlı ve fırtınalı olaylarla kayıt tuttuğu günlerdi.

İşte tarihi bize yansıtışta Halide Edip karakterinin önemi burada ortaya çıkıyor. Adeta bir gazeteci titizliğinde gözlemlerini aktarıyor ve bir düşünür yaklaşımında hislerini de yansıtarak anlamaya, anladığını da anlatmaya çalışıyor. Halide Edip'in ilan edilen Meşrutiyet'e sevinen İstanbul tasviri imparatorluğun içinde bulunduğu ruh halini yansıtmak açısından nasıl da kıymetli:

> *"Ertesi gün İstanbul'a indim. Köprü üzerinde kadın erkek herkesin göğsünde kırmızı beyaz kokartlar, bir insan denizi gibi bir taraftan öbür tarafa akıp gidiyordu. Yüzlerce yılın biriktirdiği her nev'î gayz ve garaz ortadan kalkmış, hatta şahsî veya cinsî insiyaklar de kayboluvermişti. Heyecan dalgası hâlinde geçen halkın içlerinden her nev'î kötülük, her nev'î çirkinlik birdenbire ilâhî bir dezenfekteye tâbi olmuş gibi idi.*
>
> *Her resmî dairenin önünde muazzam, fakat sakin bir kalabalık karşısında nazırlar yeni rejime sadakat*

yemini ediyorlardı. Bindiğimiz araba Babıâli'den geçerken, kapısından beyaz gömlekli bir kasap kitlesinin çıktığını gördüm. Onlar bile bu hayata katılmışlardı.

Üç ay içinde İmparatorluk baştanbaşa bu huşuu paylaşıyordu. Belki neden ve niçin olduğunu bilmiyorlardı. Fakat bu hareketin sembolü olan, Selânik'ten gelmiş bulunan birkaç zabitin ismini bağırarak anıyor, tesit ediyorlardı. Halkın şuurunda her halde böyle bir his vardı: Zulüm, işkence ve korku ifade eden bir rejim devrilmiş, yerine hürriyet, saadet ve emniyet ifade eden bir rejim gelmişti.

O hafta iki defa İstanbul'a indim. Başka zamanlarda kıyafetleri yağma ve yıkma ifade eden en aşağı tabaka dahi bu kutsî heyecan dalgasına tutulmuş ağlayarak dolaşıyordu. O hafta İstanbul'da bir tek cürüm vakası olmadığını söylediler. Devrin iki yakışıklı hatibi, Rıza Tevfik ve Selim Sırrı halka her yerde uzun nutuklar çekiyorlardı.

Bir köşe başında bir adamın nutkunu dünkü gibi hatırlarım. Diyordu ki: "Çok sevdiğim bir karım, beş çocuğum var. Nasıl onları vaktiyle Efendimize fedaya hazır idiysem bugün de bu mukaddes maksada fedaya hazır olduğuna yemin ederim. Sadece kendisi değil, fakat çocuklarını fedaya hazır olmasının sebebini bir türlü anlayamadım.

O günlerde Abdülhamid'in polisi sinmiş olduğu için kalabalığa tek hâkim olan Rıza Tevfik idi. Bütün hafta gece gündüz haykırarak o kadar nutuk vermişti ki sesi tamamen kısılmıştı. Burgaz'a, bizi o hafta sonunda görmeye geldiği zaman sesi bir fısıltı hâlinde çıkıyordu."

Halide Onbaşı

İnsanlarını soğukkanlı bir şekilde analiz eden Halide Edip için yaşanan siyasi gelişmenin ne anlama geldiğini *"Zulüm, işkence ve korku ifade eden bir rejim devrilmiş, yerine hürriyet, saadet ve emniyet ifade eden bir rejim gelmişti."* cümlesinden çıkarabiliriz. Meşrutiyet'in ilanını büyük bir memnuniyetle karşılamış ve onun açtığı kapıdan girip, gidebildiği kadar da gitmişti. Salon toplantıları, gazete-dergi yazıları, kadın örgütlenmesi gibi hareketli bir dünyaya adım atmıştı.

Sonuçta birikimi ile içinde bulunduğu toplumu sorgulayan gözlem ve analizleri onun *"mütefekkir"* olarak anılmasını sağlayacak, yaşanan dönüşüm yıllarında yeni fikirleri ilgi çekecekti. O artık bir yazardı. 1908 yılında Tevfik Fikret'in çıkardığı Tanin'de yazıları yayınlanmaya başlayan Halide Edip, ilk yazılarında eşinin isminden ötürü Halide Salih imzasını kullanmıştı.

Tanin'deki ilk yazısında, *"çocuklarımıza ilk lakırdıya başlayınca kanun-ı esasimizi, hüccet-i hürriyetimizi ezberleteceğiz"* diyen Halide Edib, bu heyecanını ömrü boyunca muhafaza edecekti.

Yazıları ilgiyle karşılanan köşe yazarı Halide Edip, kısa sürede Yakup Kadri Karaosmanoğlu gibi başka yazarların da ilgi ve beğenisini çekmeye başladı. Yakup Kadri, Halide Edip hakkında övgü dolu sözler sarf ederken, onun yazılarının kendisinde *"edebî"* bir duygu uyandırdığını söylemişti. Halide Salih adını bütün dergi ve gazetelerde aramaya başladığını anlatan Yakup Kadri, *"Çok geçmeden, sanırım yine Tanin gazetesinde "Harap Mabetler" başlığı ile yayınlanan bir nesir serisinin altında bu adı bulur bulmaz bir çocuk gibi bayram etmiş ve o nesirleri acayip bir "cezbe"ye kapılarak âdeta bir şarkı çağırır gibi yüksek sesle okumaya koyulmuştum"* demişti.

Bu arada Halide Edip'in yazarlığa başladığı yıllarda Osmanlı'daki okuma yazma oranını son derece düşüktü. Resmi verilere göre okuma bilen nüfus erkeklerde yüzde 12,99 kadınlarda ise yüzde 3,67'ydi. *(28 Teşrinievvel 1927 Umumi Nüfus Tahriri, Ankara, 1929.)*

> **Nüfusun okumak bilenler itibarile inkisamı**
>
> Arap harflerile okumak bilen nüfus erkeklerde % 12,99 kadınlarda % 3,67 olmak üzere umum nüfusta % 8,61 nisbetinde olup okumak bilen nüfusun miktarı 1,111,496 kişiden ibarettir. (A) tablosu her vilâyette okumak bilen ve bilmiyen nüfusun yüzde nisbetlerini tafsilen havi bulunmaktadır. Eğer kadın ve erkek nüfustan tahsil sinninde olmıyan yani 7 yaşına kadar olan nüfus çıkarılarak nisbetler hesap edilirse erkeklerde okumak bilenler nisbeti % 17,42, kadınlarda % 4,63 olmak üzere nüfusu umumiyede % 10,58 nisbetine baliğ olur.

Bu bilginin ışığında, okuma yazma bilen kadınlar arasında dergi modasının özellikle 20. yüzyıl başında ortaya çıktığı ve kadın hareketinin ivme kazanmasına da katkı yaptığı vurgulanmak gerek.

Kadınlar için yayınlanan ilk dergi 1869'da yayın hayatına başlayan Muhadderat oldu, onu 40 kadar kadın dergisi takip etti.[10] 1895-1908 yılları arasında 10 kadın dergisi çıkarken, 1909-1923 yılları arasında 22 adet kadın dergisi çıkmıştı.[11] 1875'te Vakit Yahut Mürebbi-i Muhadderat ile Ayine dergisi çıkmaya başlamış, 1880'de Aile dergisi ve 1883'te İnsaniyet dergisi yayımlanmıştı. 1883'te Hanımlar'da kadın imzaları artmış ve 1886'da yayımlanan Şüküfezar dergisi, yazarları ve sahibinin kadın olması bakımından tarihe geçmişti. 1887'de yayınlanan Mürrüvvet adlı dergi II. Abdülhamid'in destek ve teşvikini almış ve ilk edebiyatçı kadınlara da bu dergide rastlanmıştı.

Hanımlara Mahsus Gazete, 1895'ten 1908'e dek 612 sayı yayımlandı, 13 yıl süreyle çıkan en uzun kadın dergisi olmuştu. Ayrıca Hanımlara Mahsus Gazete, Kadınlar Dünyası ve Şükûfezar, hem yayın hayatında uzun süre kalmaları hem de kadrolarında entelektüel kadın barındırmaları ile dergicilik tarihinde önemli bir yer edindi. Fatma Aliye, Emine Semiye, Şair Nigâr

Hanım gibi isimler o dönemde öne çıkarken, yazı kadrosundakiler, dönemin aydın bürokrat kesiminin kızları ya da eşleri olan entelektüellerdi.

Fatma Aliye Hanım üzerinde biraz daha durulması gereken bir karakterdir. İlk kadın roman yazarlarından biri olan Fatma Aliye Hanım, Osmanlı medeni yasası üzerinde çalışan Cevdet Paşa'nın kızıydı. İyi eğitim almış, birden çok yabancı dil öğrenmiş, dünyayı da takip edebilen bir yazardı.

Dolayısıyla bu entelektüel kadınlar sayesindedir ki, Osmanlı'da İkinci Meşrutiyetle birlikte kadın hareketi hem basılı yayınları hem de aktif toplantıları ve eylemleri ile Türkiye demokratik mücadelesinde yerini aldı. Daha sonra inceleyeceğimiz üzere bu kadınlar Kurtuluş Savaşı'nda aktif olarak yer aldı ve yeni kurulan Cumhuriyet'in en önemli taşıyıcı kolonlarından oldular.

Örneğin Kadınlar Dünyası 1913-1921 arasında yayın hayatına devam etti ve 'Osmanlı Müdafaa-i Hukuk-ı Nisvan Cemiyeti'nin de yayın organlığını yaptı.[12] Bu dernek kuruculuğunu Ulviye Mevlan'ın yaptığı ilk feminist dernek oldu. Derneklerle birlikte dergiler, kadınların sorunlarını çözmek için organize olunmasını ve bu zeminde güçlenerek yürünmesini sağladı.

1898 yılında Selanik'te kurulan Kadınları Şefkat Cemiyeti-i Hayriyesi, Müslüman Kadınlar Birliği, Edirne'de kurulan Hizmet-i Nisvan gibi dernekler kadın çalışmalarının temelini atan kuruluşlar oldu. Örneğin Cemiyet-i Hayriye-i Nisvan okul açmak, kızları okutmak, yetim yoksul kızlara yardım yapmak için kurulan bir örgütken, kurucuları arasında Halide Edip'in bulunduğu bilimsel alanda yükselmeyi amaçlayan Teali-i Nisvan Cemiyeti de öncü kuruluşlardandı.[13]

İttihat ve Terakki Kadınlar Şubesi ve Teali-i Vatan Osmanlı Hanımlar Cemiyeti Cumhuriyet'in kuruluşuyla beraber Türk

Ocaklarında yeni cumhuriyet kadınlarına düzenlediği konferanslarla seslenmeye çalışmıştır.[14]

Dergilerde dile gelen taleplerin başında eğitim hakkı, oy hakkı ve yurttaşlık taleplerinin ağırlıklı olduğunu görüyoruz. Osmanlı'da farklı etnik ve dini kimlikteki kadınların yer aldığı, çok kimlikli bir kadın hareketi vardı ve her cemaatin kadın grupları kendi dergilerini çıkarıyorlar, dernek ve vakıflarını kuruyorlar ve kadın hareketinin özneleri olarak mücadelenin aktif bir parçası haline geliyorlardı.[15]

Elbette şunu da vurgulamak gerekiyor, Osmanlıda ortak bir hukuk birliği olmadığı gibi, Müslümanlarda kadın ve ailenin durumunu belirleyen ana kaynak Kur'an'dı. 1876'da biraz önce bahsi geçen Fatma Aliye Hanımın babası Cevdet Paşa Osmanlı'nın gündelik yaşantısının hukuk zeminini kurarken, hazırladığı Mecelle ile özel hukuk kurallarını belirlemişti. Kadına orada bazı haklar verilmişti. 1926'da kabul edilen *Medeni Kanun* öncesinde kadının boşanma ve miras haklarında bazı düzeltmeler olmuştu ama yine de çağın gerisindeydi ve elbette bu durum kadınların mücadele etmelerini gerektiren fazlasıyla trajediyi beraberinde getiriyordu. Siz hukukta ne kadar hak verseniz de sonuçta bunun toplum tarafından kabul görüp uygulanması için yıllar yıllar gerekiyordu.

Dolayısıyla bu dergilerin yazarları öncelikle, kadınların aile ilişkilerindeki konumunu eleştiriyor, daha geniş özgürlük istiyorlardı. Çok kadınlı evliliğe itiraz ediyor, tek taraflı boşanmayı haksız buluyor ve 'eşitlikçi' ilişki talep ediyorlardı. Topluma daha aktif katılmayı arzu eden bu kadınlar özgürlüğe eğitim ve iş sayesinde kavuşacaklarının da bilincinde olarak, kadınların da erkeklerle benzer şekilde çalışabilmesi için de mücadele verdiler.

Aslında tarihsel süreçte, içinde bulunan koşullar da kadınların gücünü ve etkinliğini artıran unsurların başında geliyor... Özellikle Balkan Savaşlarından itibaren başlayan bir şekilde, I. Dünya savaşı ve Kurtuluş Savaşı nedeniyle azalan erkek nüfusu, tarıma bağımlı olan Türkiye ekonomisinde kadınların desteğini ön plana çıkarıyor. Sofraya ekmek getiren kadın, toplumdaki yerini de eşitlik hareketi ile aramaya başlıyor. Bu anlamda dünyada 18. yüzyılda başladığı kabul edilen ama asıl 19. yüzyılda şekillenen kadın hareketinin Osmanlı'da da karşılık bulması ve büyümesinin koşulları bu sayede ortaya çıkmış oluyor. Geride eşitliğin ve özgürlük hareketinin neleri kapsayacağının olgunlaşması kalıyor. O da zaten her ülkede farklılık gösteriyor.

Osmanlı istatistiklerinden bu çıkarımı destekleyen rakamlara da ulaşabiliyoruz; tarım Osmanlı'nın en büyük ekonomik kaynağıydı ve büyük kentler dışındaki Osmanlı kadını tarıma en büyük katkıyı sağlayan etmenlerden biriydi. 1900'lü yıllara gelindiğinde artan makineleşme ve fabrikalaşma sürecinde kadının ekonomik alanda aktif olarak yer aldığı görülmekte ve 1913-1915 yılları arasında yapılan sanayi sayımında kadının 1913'teki oranı %20 iken 1915'te bu oranın %30 arttığı çıktığı görülüyordu.[16]

Çalışma hayatı için mücadele veren kadınların 1913'te Telgraf Şirketi'nde çalışabilmek için düzenledikleri eylem Osmanlı tarihine geçti. Onlar Batı'da kadınların verdiği mücadeleye benzer bir eylemsellik içinde olduklarının bilincindeydiler. Hatta sadece Osmanlı'da değil dünyada kadın dayanışmasının önemine inanmışlardı ve 1903'te Washington'daki toplantıya da katılmışlardı.

Bilgiye ulaşmış, bilgiyi kullanmayı bilen ve çağının eksikliklerini kapatmak için dayanışmayı uygulayabilme becerisini gösteren kadınlar, kendilerine duydukları güvenle kadına alan açmayı sürdürürken, toplumda eşit 'birey' olma mücadelesini başlatmıştı.

Kadınların dergiler aracılığıyla seslerini duyurmaya yoğunlaştığı o dönemde ağırlıklı olarak kadın üzerine yazılar yazan Halide Edip, ilk yazılarından birine *"Beşiği Sallayan El Dünyaya Hükmeder"* başlığını koydu. Gerçi anne gibi konuşacak, geleneksel rolleri tekrar edecek, kadının cemiyet içindeki rolünü ilk önce çocuk yetiştirmekten başlatacaktı.[17] Yine de modernleşmeden söz edecek, muhafazakârlıkla mücadele edecekti. Türkiye'nin yıllarca içinden çıkamadığı doğu-batı çatışmasının, Türkiye'nin aydınlarının doğu-batı çelişkilerinin tam da ortasında yaşadığını gösterecekti.

Köşe Yazarlığından Roman Yazarlığına

Kadın hareketinin tarihine bakıldığında Osmanlı'da II. Meşrutiyetle başladığı ve bu hareketin içinde yer alan kadınların da büyük kentlerdeki zengin bürokratik çevrelerden geldikleri belirtiliyor. Her ne kadar dar bir elit çevrede ortaya çıkmış da olsa kadın hareketinin içinde gelişen fikirler, dergiler ve dernekler aracılığıyla ülkede yayılmış ve Osmanlı sonrasında da Cumhuriyet dönemi kadın haklarının şekillenmesini sağlamıştı.[18]

Halide Edip doğmadan dünyada kadın hareketi ortaya çıkmıştı, 1888'de Amerikan feministlerin öncülüğünde Uluslararası Kadın konseyi toplantıları yapılmaya başlanmıştı. 1904 yılında Uluslararası *Suffrage İttifakı* kurulmuş ve ayrımcılığın yok edilmesi için hakların Birleşmiş Milletler güvencesine kavuşacağı süreç başlamıştı.

Osmanlı'daki değişim hareketi iki kutuplu bir tartışmayı güncel kıldı; Batılılaşma yanlılarına göre kadının konumu geri kalmışlığın önündeki en önemli sebepti ve Batıcılar kadının toplumsal yaşamın her alanına katılımını savunuyordu. Gelenekselciler ise bu durumu manevi değerlere saldırı olarak görüyorlardı.[19] İşte bu iki yönlü tartışma arasında konumlananlar bir yandan da savaşın yarattığı değişim rüzgârı arasında yerlerini aldılar ve günümüzdeki geçmiş değerlendirilmelerinde ilericiler, aydınlanmacılar gibi nitelemelerle yeni bir ülkenin kuruluşunda da etkin oldular; kimi eşitlik, hürriyet, bağımsızlık gibi kavramlarla Cumhuriyet'e hizmet etti, kimi ise gericiliği temsil ederek, değişime direnerek padişahlığa dönüş için çaba sarf etmeyi tercih etti.

Açık olan şu ki, II. Meşrutiyet'in ilanından Cumhuriyetin kuruluşuna kadar yaşananlarda, kadınların duruşu daha doğrusu kadın hareketinin etkisi kaçınılmazdı. Halide Edip'in bir öncü olarak nitelenmesine neden olan da çağdaşları ve hemcinsleri arasında, yaşananlara seyirci kalmak yerine aktif varlık göstermesi ve ilericiler arasında kendine yer bulmasıydı.

Tarih bilgisiyle yaşanan sıkıntılara çare arayışıyla, ülkesinin modern dünyada yer alma gayretine çaba sarf eden bir aydındı. Çözümü süratli ve kanlı ihtilallerle yapılacak reformlarda değil, yavaş ve içselleştirilmiş bir gelişme sürecinden yana buluyordu, yazılarında da özellikle İngiltere örneği vererek bunu anlatıyordu.[20]

Elbette yaşadığı ülkenin sancılı sürecinden nasibini aldı, muhafazakârların hedefi oldu. Köşe yazarı olarak dikkat çektiği günlerde imzasız mektuplarla tehditler almaya başladı. Kendisine karşı olumsuz olduğu kadar olumlu ilgi de artıyordu. Toplumun farklı kesimlerinden, dinlerden, cinsiyetlerden mektuplar alıyor, sorularına yanıt vermeye çalışıyordu. Özellikle kadın ziyaretçileri sayesinde nasıl bir sorun alanında önderlik etmeye başladığını ve yalnız olmadığını anlayacaktı.

> *"Birçok tanımadığım ve muhtelif sınıflara mensup kadınlar beni görmeye geliyor, dertlerini döküyor, hususî hayatlarına dair akıl danışıyorlardı. Bunlardan bazıları sadece benden büyük değil, hatta anam yaşında kadınlardı. Hâlbuki ben, hayat alanına gireli çok zaman geçmemişti. Onlara akıl verebilecek tecrübeden çok uzaktım.*
>
> *Maamâfih bunların hepsine karşı içimde daima bir minnet hissi vardır. Çünkü kadının aile ve cemiyete karşı vaziyetindeki güçlüklerin ne kadar geniş cepheli olduğunu o zaman idrake başladım. Bunlar yazılarımın realist taraflarına çok hizmet ettiler. İhtilâl ve siyaset safhaları gelir geçer, fakat millet hayatının içtimaî ve insanî bakımdan içinde döndüğü girdap daimîdir".*[21]

Sonuçta içinde bulunduğu sosyal zemin, karşılaştığı toplumsal gerçeklik, farklı bireysel hayatların demokratik açlığı, onun da olaylara bakışını derinden etkiledi. Bilgiye ulaşan, akılcılığın, pozitif biliminin etkisiyle soru sormaya başlamış olan bir kadın olarak Halide Edip, belki de bu atmosferin gereği olarak donanımına uygun bir şekilde kendiliğinden siyasi bir karaktere dönüştü. O artık Osmanlı İmparatorluğu'nda modernleşme hareketinin tarafında, mücadelenin içindeydi.

İkinci Meşrutiyet'in 'balayı' bittiğinde, hayal kırıklıkları ile yüz yüze kalındı. Kimi önde gelen İttihatçılar ve hürriyet kahramanları arasında tartışmalar başlamış, fikir ayrılıklarının içinde meşrutiyet ilanıyla beklenen değişim hareketinin hızı kesilmişti. Üstelik İttihatçılara muhaliflerle, meşrutiyet karşıtları organize olmaya başlamıştı. Gergin siyasi ortamda gelişen muhalefet kısa süre sonra ordu içinde isyana dönüşmüştü. Sorun özellikle *"Alaylı Subaylar ile Mektepliler"* arasında patlak verdi. 30 Mart 1909 tarihinde I. Ordu'ya bağlı bazı askeri birlikler isyan etti. İsyan eden birliklere, halkın bir kısmı da katıldı. Ayasofya Meydanı'nda bir araya gelerek şeriat istediler.

Bu sırada özellikle İttihat ve Terakki Cemiyeti yanlısı gazeteler yağmalandı. İstanbul'da İttihatçılara tepki yükselirken, Selanik'te bulunan III. Ordu Komutanlığı, isyandan sonra kurulan Tevfik Paşa Kabinesi'ni tanımadığını ve Hareket Ordusu ile Selanik'ten yola çıkıldığını açıkladı. Bu haberin İstanbul basınında yer alması üzerine herkes heyecanla Hareket Ordusu'nu beklemeye başladı. 11 Nisan 1909 tarihinde İstanbul'a hareket eden ordu, 24 Nisan'da şehirde hâkimiyeti eline alarak isyanı bastırdı.

Şeriat talepleri, idamlar... 31 Mart Vakası olarak anılan bu olay ile II. Abdülhamit tahtan indirilirken, sıkıyönetim ilan edildi, bazı partiler kapatıldı. O sarsıcı günlerin etkisi de sarsıcıydı.

O günlerde gericilerin hedefindeki Halide Edip iki çocuğuyla birlikte saklanmak zorunda kaldı. Adının *"kara liste"* de olduğunu öğrendikten hemen sonra Burgazada'dan Üsküdar'a geçti. Bir süre babası Mehmed Edib Bey'in Sultantepe'de bulunan evinde kaldı. Ardından yine Üsküdar'da bulunan Özbekler Tekkesi'ne geçti. Halide Edib ertesi gün Üsküdar Amerikan Kız Koleji'ne gitti ve dört gece de orada saklandı. *"Ben, sabaha kadar oturdum, yavrularım, ateş ve naralar köşkün duvarlarına vurdukça, yataklarından fırlıyor, dizlerime sarılıyorlardı* "sözlerinde anlattığı gibi kanlı isyan sürerken sadece kendisi için değil çocukları için de korku yaşayan ve hayatta kalma mücadelesi veren Halide Edip, nasıl kaçtığını da ayrıntılarıyla yazmıştı. Özellikle Özbekler Tekkesi ile ilişkisi yıllarca tartışılacak olan Halide Edip'in çocuklarıyla birlikte kamufle olabilmek için gösterdiği çaba ve korkusuna rağmen gösterdiği cesaret ise filmleri aratmayacak sahnelerle yaşanacak bir ömrün habercisiydi.

Tehditler üzerine İstanbul'u terk etmek zorunda kalan Halide Edip, çocukları ile birlikte ilk kez yurtdışına böylesi bir zorunlulukla çıkmış oldu. Önce Mısır'a gitti. İlk sürgünüydü. Daha önce Londra'da yazıları yayınlanmış, entelektüel caimada ismi duyulmuştu. Dolayısıyla bağlantı kurup, Mısır'dan İngiltere'ye geçti.[22]

Halide Edip, Nation gazetesine *"Türk Kadınının Geleceği"* adlı bir yazı yazmış ve bu sırada eğitimci Isabelle Fry ile tanışmıştı. Isabelle Fry'ı İstanbul'da misafir etmiş olan Halide Edip, işte Londra'da ona misafir oldu. Aralarında Bertrand Russell'ın da bulunduğu entelektüel bir çevrede İngiliz yazar ve düşünürleriyle tanıştı, hayranlık içinde yeni fikirler edindi. Demokrasi, feminizm, eğitim derken dünyadaki gelişmeleri yakından görme ve anlama fırsatı oldu. Özellikle kadın-erkek eşitliği hakkında

İngiltere'de süren tartışmaya tanıklık etti ve bir kadın olarak kendisi için ve elbette bu mücadelede İngiltere'den çok çok geride olan ülkesi için çıkarımlarda bulundu.

Bu seyahatinde İngiliz Parlamentosu'nu da ziyaret eden Halide Edip, ilk romanları Heyula ve Raik'in Annesi'nden sonraki romanında İngiltere'deki tecrübelerini değerlendirdi. Bir yıl kadar sonra İstanbul'a döndüklerinde Londra günlerinin etkisini Seviye Talib'de anlatacaktı. Belli ki yaşadıkları korku ve heyecan verici olaylar onda anlatma isteğini de artırıyordu. İngiltere'den İstanbul'a döndüğünde sadece siyasi yazılar değil, edebi yazılar da yazmaya başlamıştı.

Halide Edip, Hüseyin Cahid tarafından çıkarılan ve şair Tevfik Fikret'in başyazarlığını üstlendiği Tanin gazetesi ile tanındıktan sonra Demet, Aşiyan ve Resimli Kitap gibi pek çok gazete ve dergide yazdı. Çoğunlukla kadın temalı yazılarında kadınların erkeklerle eşit yurttaşlık mücadelesinde kadının eğitilmesi ve toplum içindeki yerine ilişkin modern talepleri dile getirdi. Doğal olarak da kadın hakları savunucuları arasında önde gelen bir isim oldu.

Nihayetinde o günün şartlarında erkeklerin dünyasında, iyi eğitimli, cesaretli ve kendine güvenen bir kadındı. Bugün bile muhafazakâr çevrelerde kadınlara yönelik olumsuz yargıların varlığını düşünerek ve kadın-erkek eşitliğinin topluma yerleşmemesinden kaynaklanan türlü sorunlar yaşandığı bilinciyle, Halide Edip'in başardıklarını daha iyi kavrıyor insan.

Yazarlık serüveni

Halide Edip İkinci Meşrutiyet'in ilanı ile başlayan yazarlık kariyerine, makale yazarlığının yanı sıra yirmi bir roman, dört hikâye kitabı, iki tiyatro eseri ve çeşitli incelemeler sığdırdı. Hem Meşrutiyet hem de Cumhuriyet'in ilk dönemi Türk edebiyatının en çok eser veren yazarlarından biri oldu. Birçok kitabı sinema ve televizyon dizilerine uyarlandı.

Halide Edib'in ilk romanı Heyulâ, 1909'da bölümler halinde yayımlandı. Roman, bir yandan platonik bir aşkı, bir yandan da aşık olunan bir kadını anlatıyordu. *"Kadınlar hislerini daha kolaylıkla ve cömertlikle dışarı vururlar, fakat en basitini dahi, kendine tamamiyle hakim görünen bir erkekten, his bakımından daha güçlükle teşhis edebilirsiniz. Belki hem açık hem meçhul kalmak kadının cazibesini arttırır..."* diyerek genç bir kadın olarak kadınlığı tanıma ve tanımlama çabalarıyla karşılaştırdı bizi.

Heyulâ ile aynı yıl yayımlanan Raik'in Annesi de yine bir kadın hikâyesiydi. Bu kez ideal bir kadını anlatıyordu, Siret'in hikâyesinin anlatıldığı romanda, Halide Edip, Siret'in ağzından ideal kadını tanıtmıştı.

Bu tanımlamada zamanın ruhunu ve onun geleneksele karşı çıkmayan modern ama inançlı ve muhafazakâr tavrını görüyoruz:

> *"Bakınız ben nasıl kadın isterim. Dil isterse bilsin, hatta iki üç; fakat hiçbir zaman Beyoğlu'nda Fransızca pazarlık etmesin. Fransız kadınlarını taklit edeceğim diye sahte gülüşler, garip el ovuşturmalar, baş sallamalar, sıçrayarak yürümeler yapmasın. Her lüzumsuz şeye Fransızca hayret etmesin. Babasını görünce "Oh! monper" bir şeyden korkunca "Oh! mondiyö" demesin, Tanrı'ya inansın ara sıra camiye gitsin.*

Bizim yüksek, kül renkli, loş kubbelerde inleyerek sesi yansıtan yakarışların, göz kamaştırıcı bir düzenle, o kubbe altında yere sürünen alınların çıkardığı sesin şiir ve ululuğunu ruhça duyabilecek, bu ulu ibadetin iç korkusu ile ruhu titreyen bir kadın, sonra bütün bu duygularını çocuklarına aşılayacak bir kadın olsun. Musiki bilirse, ağır klasik, ciddi şeyler bilsin! Biraz da çocuğunu uyutacak ninniler çalsın. Saçları, mutlak gözü dinlendirecek biçimde koyuca bir küme teşkil etsin, bütün davranışı duruşu sade olsun, gözleri güleç, ağzı şefkatli, elleri yumuşak olsun."

İlk romanı Heyula ve Raik'in Annesi olmakla beraber ilk ciddi romancılık şöhretini kazanmasını sağlayan Sevviye Talib *(1910)* oldu. Bir kadının kocasını terk ederek sevdiği erkekle yaşayışını konu edinen bu roman, eleştirmenler tarafından ilerici bulunmuş, feminist çizgide bir eser olarak değerlendirilmişti. Basıldığı dönemde birçok eleştiriye maruz kaldı. Kocasından boşanma süreci başlayan Halide Edip, elbette kendi yaşantısı üzerinden kadına bakıyor ve topluma mesaj veriyordu.

Aslında tam da farklı ülkelerde farklı hayatları gördüğü, entelektüel tartışmaların en ileri seviyelerine tanıklık ettiği bir zamanda, ilk gençliğinde babasının çok eşliliğinin yarattığı rahatsızlığı hatırlayarak, bir de aşkının acısını hissederek, sadakatsizliğin yarattığı kalp kırıklığı ile bir kadının kendini anlatma çabası da diyebiliriz bu romana. Halide Edip'in bu sürecini anlattığı asıl romanı ise 1912'de yayınlanan Handan'dı. Adeta Sevviye Talib'in kadın karakterinin aydın hali Handan'da hayat buldu ve Halide Edip'i yansıttı; Salih Zeki'nin ikinci bir kadınla evlenmeye teşebbüs ettiği o sürecin ürünü olarak otobiyografik özellikler taşıyordu.

İsyanda Mısır'a sürgün gittiğini, oradan İngiltere'ye geçtiğini söylerken, isyan bastırıldığında İstanbul'a döndüğünü ekleyelim. Halide Edip İstanbul'da yeni açılan kız öğretmen okullarında ders vermeye başladı. İşte bu sırada yazarlık kariyerine romanla devam etti. İmparatorluğun çöküşünü başlatan savaş diye nitelendirilen Trablusgarp Savaşı'nın ilk yılında ise boşandı.

Boşanmanın yarattığı etkiyi de Sevviye Talip ile gösterdi. Onun bu romandaki yaklaşımı bugün için çok ilerici görünmese de o zamanın düşünüş ve yaşayış tarzına göre son derece ilerici kabul edilebilir. Bu toprakların roman serüvenine bakıldığında o yıllarda ağırlıklı olarak geleneksel in sunulduğu söylemek gerek. Daha sonraları doğu-batı çelişkisinin yansıdığı romanlarda modernizmin yıllarca 'efemine erkekle' tarif edildiği hatırlanacaktır. Dolayısıyla onun romanında boşanmış kadın karakterin varlığı cesur bir yaklaşım sayılmalı.

'Güçlü Kadın' Boşandı

Bir kadının kocasından ayrılma talebinde bulunması 1910 yılında görülmüş bir şey değildi, henüz kadının eşinden boşanma hakkı yoktu. Zaten Salih Zeki de bir süre direndi, boşamaya razı gelmedi. Dolayısıyla yazıları nedeniyle zaten muhafazakâr çevrelerin hedefinde olan Halide Edip bu konuda da tepki çekti.

Osmanlı'da kadın kocasının ailesine girmenin karşılığı olarak, beslenen bakılan bir varlık olarak anlatılıyor. Evlilik kolay feshedilebilmesine rağmen, çok eşlilik de yaygın bir şekilde sürdürülüyordu. Çok eşlilik erkek için aynı zamanda bir haktı.[23] İşte bu olağanlığın içinde Halide Edib de birçok kadın gibi kocasının ikinci eş isteğiyle karşı karşıya kaldı. Muhtemeldir ki, çok rahatsızlık hissetti ve Salih Zeki Bey'in ikinci bir evlilik yapma niyetini duyduğu anda fazla düşünmeden çocuklarıyla birlikte Yanya'ya babasının yanına gitti. Salih Zeki Bey'in kararını değiştirmediğini görünce de böyle bir durumu asla kabul etmeyeceğini belirterek, dokuz senelik evliliğini bitirdi.

Her ne kadar aşk evliliği yapmış olsalar da Salih Zeki Bey, Mekteb-i Sultani'nin müdürü, üniversite rektörü, maarif müsteşarlığı yapmış, liselerde, üniversitelerde fenle ilgili kitapları kaleme almış ve oldukça tanınmış ve popüler bir kişiydi. Ancak Halide Edip de giderek popülerleşen bir kadındı. Muhtemeldir ki, bir erkeğin popüler bir kadınla birlikteliği Osmanlı'da daha da zordu.

Ayrıca Osmanlı'da her ne kadar modernizmin etkisine girmiş de olsa bir erkeğin kendisi gibi yaşamak isteyen, yazıp çizen ve ünlü başarılı olan bir kadınla birlikteliğini sürdürebilmesi zor olsa gerek. Hele de kadından beklenen evinde eşi ve çocuklarıyla ilgilenmesi iken.

Bu durum günümüzde bile zor. 1990'lı yılların sonunda Orson Welles'in muhteşem bir tiradının yer aldığı bir film izlemiştim. Henry Jaglom'ın *"Someone to Love"* isimli filminde kadın erkek eşitliği aydınlar üzerinden sorgulanırken, ne kadar gelişmiş olursa olsun erkeğin kadını evinde görmek istediği, günümüzde bile kadının iş yaşantısındaki varlığını hazmedemediği çok iyi yorumlanmıştı. Orson Welles filmin sonunda adeta bir ombudsman gibi ortaya çıkıp 'yüzyıllardan gelen alışkanlığın bir anda bozulmayacağını vurguladıktan sonra kadının bizimle aynı-eş olduğuna alışacağız, alışmalıyız' savıyla filme ve tartışmaya nokta koymuştu.

Dolayısıyla Halide Edib'in karşılaştığı sorun, yüzyılın başında sıkça rastlanan ve itiraz edilmeyen, erkek dünyasının hak gördüğü bir konuda onu toplumda yalnız bırakıyordu. Zaten genç yaşta, henüz kolej yaşlarında iken tanışmış ve âşık olmuş adeta Salih Zeki Bey'in elinde büyümüştü ve başka biriyle evlenmek istemesi üzerine çok kırılmıştı. Üstüne karşılaştığı tepkiler de cabasıydı.

Sıkıntılı hastalıklı günler yaşadı ama bir süre sonra okuldaki görevine, konferanslarına ve yazılarına geri döndü. Onun için artık yeni bir dönem başlıyordu. Yeni bir döneme başladığı, yazılarında ismini kocasının adıyla birleştirerek *"Halide Salih"* imzasını kullanmak yerine, baba adına dönerek *"Halide Edib"* imzasını kullanmaya başlamasından da anlaşılıyor.

1910-1912 yılları arasında Türk Ocağı çevresinde entelektüel bir Türkçü halka içinde bulundu. Türk Ocağı Cemiyeti'ne kabul edilen ilk kadın üye olan yazar, ardından Türk Yurdu mecmuasında yazmaya başladı.

Başta Ziya Gökalp olmak üzere Hamdullah Suphi *(Tanrıöver)*, Halim Sabit *(Şıbay)*, Mehmet Emin *(Yurdakul)*, Celal Sahir *(Erozan)*, Ahmet Hikmet *(Müftüoğlu)* gibi isimlerle birlikte Halide

Edip Türkçülük düşünce akımının içinde yer aldılar. Kendilerine, dili ve edebiyatı demokratikleştirme yanında, 1908 devriminin başlattığına inanılan toplumsal dönüşüme kılavuzluk edecek yeni bir ideolojinin yaratılması ve yayılması misyonunu veren bu isimler arasında Halide Edip, Türkçülüğü romanlaştıran kişi oldu.

1912'de bölümler halinde yayımlanan ve Panturancı propaganda yapan Yeni Turan romanında Halide Edip, kadın karakterlerine çarşafı attırmış, yaşadığı konağın duvarlarını aştırmış ve erkeklerle birlikte ulusun etken öğelerinden biri durumuna getirmişti. Bu romandaki kadınlar, erkeklerle birlikte ülkelerinin imarında çalışan karakterlerdi...[24]

Halide Edip'in bu ütopik romanındaki atmosferi belirleyen Tanzimat'tan bu yana süren kadınların hak arayışlarıydı. Özellikle II. Meşrutiyet dönemi, Osmanlı kadınına toplum içerisindeki konumunu sorgulatmış ve eğitimle beraber gelen aydınlanma Osmanlı kadını içerisinde küçükte olsa bir feminist akım başlatmıştı. Biryandan da ülkesi için dertlenen ve erkeklerle birlikte mücadele eden kadın figürü keskinleşiyordu. Çünkü Osmanlı'yı kasıp kavuran bir fırtına geliyordu. Trablusgarp Savaşı, Balkan Savaşı derken ağır yenilgiler, okuyan-yazan kesimde Batı'dan gelen milliyetçilik rüzgârının hızla yayılmasını sağlıyordu.

Namık Kemal, Mizancı Murat, Abdullah Cevdet, Ziya Gökalp gibi fikir adamları ve şairler, 19. yüzyılın ikinci yarısından itibaren yaygınlaşmaya başlayan milliyetçilik akımını, dil ve edebiyat anlayışına yansıtan etkili isimler oldular. II. Meşrutiyet'in ilanından sonra gelişen ortam içinde *"Türkçülük"* fikir akımı daha güçlü bir şekilde gündeme gelerek örgütlenmeye başladı. Burada insanların buluştuğu konu, imparatorluğun kurtarılmasıydı.

Osmanlı parçalanırken Türkçülük akımıyla tanıştı

Boşandıktan sonra yazma serüveninde hızla yol kat eden Halide Edip için bir yandan da Balkanlardan gelen milliyetçilik rüzgârına kapıldı demiştik. Peşpeşe gelen bozgunlarla milliyetçilik için oldukça uygun bir ortam oluşmuştu. Bunu şu nedenle vurgulamak istiyorum: Bazen olaylar ve atmosfer insanı hiç düşünmeyeceği yerlere sürükleyebilir. Yaşantısına baktığımda zaman zaman Halide Edip için de böyle düşünmemek elde değil.

Peki, o süreçte kendisini yazarak ifade eden bir yazarı neler etkilemiş olabilir? Politik olarak bozgun havasında yaşanılan tam olarak neydi? Özellikle Balkanlardan gelen göç İstanbullu aydınları nasıl etkilemişti?

31 Mart Olayı'nın bastırılmasını takip eden günlerde hükümet, ekonomik krize çözüm bulmak için Batılı büyük devletlerden borç almak için uğraşırken İtalyanlar, Trablusgarp üzerinde hak iddia etmeye başladı. Diğer yandan Balkanların siyasi durumu endişe oluşturacak boyutlara ulaşmıştı. İmparatorluğun dört bir yanında isyanlar başlıyor, kargaşa hali hakim oluyordu.

31 Mart Ayaklanması sırasında öldürülme endişesiyle oğullarını yanına alarak Mısır'a, oradan İngiltere'ye geçtiğini, İngiliz gazeteci Isabelle Fry'ın evinde konuk olduğunu, o dönemde kadın-erkek eşitliği konusunda sürüp giden tartışmalara tanıklık ettiğini belirtmiştik, Halide Edip boşandıktan sonra ikinci kez İngiltere'ye gitti. Osmanlı'nın sarsıntılı günleri başlamıştı. O dönemde uzaktan ülkesine bakma imkânına sahip oldu.

Osmanlı aydınlarını sarsan ilk olay İtalyanların Trablusgarp'ı işgali oldu. İttihatçılar arasında İngiliz ve Alman yanlısı gruplaşmalar oluşmaya başlamışken, Osmanlı ordusundan Mustafa Kemal, Enver ve Ali Fethi Beyler gibi pek çok gönüllü subay Trablusgarp'ta yerli halkla birlikte bir mücadele başlattı. Artık

Osmanlıcılık fikrinin imparatorluğun bütünlüğünü sağlayamayacağı ortaya çıkmış, yaşanarak deneyimlenmişti. Bu da *"Türkçülük"* akımının etkisini artırdı. İtalyan işgaline karşı başlatılan boykot ve protesto eylemleri gençler arasında heyecan yarattı.

İtalyanlar Trablusgarp'ta savaşırken, gücünü artırmak için Ege'de Limni, Akdeniz'de Rodos ve Oniki Ada'yı işgal etti. Balkanlar'daki gerilim de tırmanıyordu. Ve 6 Mayıs 1912'de Arnavutluk'ta başlayan ayaklanma İttihatçı Osmanlı hükümetini fazlasıyla zorlamaya başladı. Siyasi kriz başladı, İttihat ve Terakki Cemiyeti iktidardan düştü ve muhalefete çekildi. Ayrıca Osmanlı Devleti, Trablusgarp'ı İtalya'ya terk etti, yapılan anlaşmayla Oniki Ada da Balkan bunalımı atlatılıncaya kadar İtalyan işgali altında kalacaktı.

Art arda gelen karışıklık haberlerine artık ağır yenilgilerin eklendiği günlerdi. İş ölüm kalım savaşına doğru gidiyor, dolayısıyla hemen her gün daha çok insanın özellikle de gençlerin politikaya ilgisi artıyordu.

Derken Balkanlar'da dört Balkan devleti ile savaş başladı. Osmanlı için 1912 geri dönülmez hataların ve kayıpların başlangıcı oldu. Çok kısa bir süre içinde ordu, pek çok cephede bozguna uğradı. Balkanlardaki şehirler birer birer kaybedildi. Hatta düşman kuvvetleri İstanbul önlerinde ancak durdurulabildi. Balkan devletlerinin İstanbul'u tehdit edebilecek bir duruma gelmesi ve yaşanan göç hareketleri hem halk ve orduda hem de hükümette büyük moral bozukluğuna neden oldu. Koskoca Osmanlı'nın önlenemez ufalanışı ile yaşanan, düpedüz büyük bir hayal kırıklığıydı.

Bir yandan utanç, bir yandan öfke, bir yandan hüzün, derin bir bunalım yaşandı. Balkanların neye mal olursa olsun terk edilmemesi gerekiyordu ama nasıl? Çare bulunamadı ve Balkan devletleri ile de anlaşma yapıldı. Bu da Osmanlı aydınları içinde yeni bir rüzgâr yarattı, halkın yaşadığı umutsuzluk havasını yok etmek isteyenler, ekonomik sorunları olan Balkan devletlerine karşı kesin sonuç alınacak bir harekâta geçilmesini mümkün ve hatta başarı getirecek bir hamle olarak görüyordu. Balkan Barış Konferansı'nı büyük devletlerin İmparatorluk üzerindeki baskılarını artırması nedeniyle onur kırıcı bir durum olarak değerlendiriyorlardı.

Londra'da barış görüşmeleri devam ederken Edirne'nin Bulgarlara verilmesi yönünde bir karar alındığı haberi üzerine İttihatçılar darbe yaptı. 23 Ocak 1913'te *"Babıâli Baskını"* diye nitelenen olayla Mahmud Şevket Paşa tekrar yönetime getirildi, İttihatçılar yeniden iktidara geldi. Yaşanan umutsuzluk Edirne'nin geri alınışı ile biraz olsun dağılırken, Batı Trakya dâhil Balkanların kaybedilmiş olması, öbek öbek göç yollarındaki insanların Anadolu'ya geri dönüşü hafızalara kazındı ve hazin gelişmelerin başlangıcı kabul edildi. Oysa bu tersine göçten yüzyıllar önce büyük umutlarla Balkanlara göçülmüştü.

Yaşanan hayal kırıklığının derinliğini anlamak için Osmanlı'nın ilk yıllarında uygulanan göç politikasını ve Balkanların Osmanlı için ne anlama geldiğini anlamaya çalışalım. Türkiye'de Aydınlanma Hareketi isimli Server Tanilli için hazırlanan kitapta yer alan Bektaşilik hakkındaki İrene Melikoff makalesinde, Osmanlı İmparatorluğu'nda Bektaşilerin ilerici rolü anlatılırken, bu anlamda önemli saptamalar dikkati çekiyor.

Bektaşileri 'ileri kolonizatör dervişler tarikatı' diye niteleyen makalede, 700 yıl ayakta kalan imparatorluğun varlığının dayandığı önemli unsurlardan birinin Bektaşilerin nitelikleri ve Balkanlardaki varlıkları olduğu belirtiliyor.

Bektaşiler, Osmanlıların yanında Trakya ve Balkan fethine

katıldılar, fethedilen ülkelerde toprak edindiler, zaviyeleri ile tekkelerini kurdular ve göçebelikten çıktılar. At binen, kılıç kullanan Bektaşiler Trakya'da, Balkanlarda büyük çiftliklerde atlarını yetiştirirken, Osmanlı'nın dayandığı önemli askeri güç oldular. Yeniçerileri yetiştirdiler. Askeri güç olmanın yanında karşılaştıkları toplumla iletişime geçtiler, bir nevi hem verdiler hem aldılar uyumla bağdaştırmacı bir yaklaşımla yaşadıkları bölgedeki yerli insanlarla kaynaştılar.

Viyana kapılarına dayanmış olsa da Osmanlı'nın hoşgörülü imajını dinlerüstü eğilimi ile Bektaşilere borçlu olduğunu belirtirken burada Osmanlı göç politikalarının Bektaşileri Balkanlar'a boşuna göndermemiş olduğunu düşünebiliriz. Ancak nasıl ki 1826'da Yeniçeri Ocağı kapatıldı, Bektaşilere yönelik suçlamalar arttı, zaten gerileme devrindeki Osmanlı'nın 19. yüzyılın milliyetçilik rüzgârını karşılama direnci de azalmış oldu.

Dolayısıyla 18. yüzyıla kadar Osmanlı açısından Viyana yenilgilerine rağmen zaferlerle yazılmış bir Balkan tarihinden söz ederken, Bektaşilere yönelik Osmanlı'nın olumsuz tutumu ile Osmanlı'nın Balkanlarda karşılaştığı karışıklığın bağlantısız da olsa paralel seyretmesi de dikkati çekiyor. Bu arada Bektaşiler iktidar tarafından dışlandıklarında önce Jön Türklerle beraber oldular ardından da Anadolu'nun ilerici hareketine katıldılar.

Balkanlar'daki Osmanlı'ya dair bir başka gerçeklik ise Bektaşilerin yanı sıra farklı Türkmen boylarının da bölgeye yönlendirilmiş olmasıdır. Öyle ki 16. yüzyılda Rumeli'deki Türk nüfusu Anadolu'daki Türk nüfusundan daha çok hale gelmişti.

1353 yılından itibaren Osmanlıların Gelibolu'ya yerleşmeye başlaması devletin güçlenmesinde etkendi. Boş ve zengin toprak bulup yerleşmek maksadıyla, göçebe Türkler, fakir köylüler, Rumeli'nin zengin tımarlarına sahip olmak isteyen sipahiler, Orta

Anadolu'dan, Karesi, Saruhan, Aydın, Menteşe gibi sahil beyliklerinden Trakya'ya ve Makedonya'ya yerleştiler. Devletin iskân politikalarıyla yönlendirdiği grupların yanı sıra şahsi umutlarını Balkanlara bağlayanlar da oldu.

Sultan I. Murad zamanında devletin sınırları Vardar vadisine ulaşırken, özellikle Selanik fethedildikten sonra Konya gibi Anadolu'nun bazı yerlerinden gönüllü olarak Türkler, Rumeli'ye göç ettirilmişti. Bu anlamda Osmanlı Devleti'nin sistemli bir iskân politikası izlediği görülüyor. Hatta kırsalda yaşayan Hristiyan halk Balkanların iç bölgeleri ve dağlık kesimlerine hareket ettikçe onlardan boşalan yerlere Anadolu'dan Türkmenler götürüldü. Batı Anadolu'da yeni otlaklar aramak zorunda kalan göçebeler için de Balkanlar çekici bir yerdi. Göçebeler Varna'dan Tuna'ya, Üsküp'ten Manastır'a uzanan Doğu Balkanlara yerleştiler, öyle ki 1530'lu yıllarda Rumeli'de 50.000 yörük ailesi iskân edilmişti.[25]

Balkanlardaki Osmanlı toprakları 1877-1878 Osmanlı-Rus Savaşı *(93 Harbi)* sonucunda kaybedilmeye başlandı. Yakın dönem göçlerinin en önemlilerini 93 Muhacereti ve Balkan Savaşı ile başlayan göçler oluşturdu. Yaşanan göçün nedeni ise can derdiydi; dayanılmaz hale gelen yoğun baskılar, yaşanan savaşlar nedeniyle can güvenliğinin olmaması, daha iyi iktisadî ve sosyal hayat yaşama gibi nedenlerle insanlar yerlerini yurtlarını terk ettiler. Balkan Devletleri'nin baskı ve zulmüne dayanamayan Osmanlı Türkleri, vatanlarını, eşyalarını, tarlalarını, evlerini, işyerlerini yani bütün malvarlıklarını geride bırakarak bin bir güçlük içerisinde Osmanlı Devleti'nin kalan topraklarına Anadolu'nun iç kesimlerine yerleşmek zorunda kaldı.

Balkanlar'dan Anadolu'ya göçler sadece 19. yüzyılda 93 Harbi *(1877-78 Osmanlı Rus Savaşı)* ile sınırlı kalmamış 1912-13

Balkan Savaşlarında da devam etmişti. Balkanlardan Anadolu'ya en çok göç Bulgaristan toprakları üzerinden oldu.

Bölgede bu göç olgusunun 10 yıl kadar sürdüğünün altını çizelim. 1922 yılının İstanbul'unu anlatan Ernest Hemingway, hala devam eden karşılıklı göçü çarpıcı bir şekilde tarif etmişti. Toronto Daily Star'a yazan bir gazeteci olarak gözlemlerini aktardığı 26 Ekim 1922 tarihli 'Sessiz, Bitkin Halk' başlıklı yazıda Hemingway şöyle diyor:

"Doğu Trakya'nın Hıristiyan halkı, bitmek bilmeyen, karma karışık bir yürüyüş düzeni içinde Makedonya'ya doğru yolları arşınlıyor. Edirne üzerinden Meriç'i aşan ana kol, 20 mil uzunluğundaydı. Öküzlerin çektiği kağnı arabalarından, çamura bulanmış binek hayvanlarından, yorgun insanlardan, kadınlardan ve çocuklardan oluşan, yirmi mil uzunluğunda bir kuyruk. Yatakları sırtlarında, yağmur altında, nereye gittiklerini bilmeden yürüyorlar.

Bu ana kolu, Trakya'nın dört bir köşesinden gelip besleyen küçük kollar da var. Nereye gittiklerini bilmiyorlar. Türklerin geldiğini duyunca çiftliklerini, köylerini, başakları olgunlaşmış tarlalarını terk edip bu büyük göçmen topluluğuna katılmışlar. Çamura batmış Yunan süvarileri kendilerini sığır sürüleri gibi güderken, insanlar bu bitkin kalabalık arasındaki yerlerini de korumaya çalışıyorlar.

Her şey, herkes bir suskunluk içinde. İnleyen bile yok. Becerebildikleri, yapabildikleri tek şey, hareket halinde olmak. O güzelim köylü giysileri sırılsıklam, kir pas içinde. Bacaklarından asılmış piliçler, tavuklar arabalardan aşağı sarkıyor. Yaşlı bir adam, bir domuzun altında iki büklüm olmuş, yürüyor. Bir koca arabanın içinde biriken yağmur sularını boşaltmaya çalışan karısının üstünü battaniye ile örtmeye çalışıyor. Tek ses veren kişi o. Küçük kızı babasının yüzüne bakıp başlıyor ağlamaya. Ve yürüyüş sürüp gidiyor.

Ana kolun vardığı Edirne'de hiçbir yakındoğu havası yok. Yalnız Doğu Trakya'dan boşaltılacak Hıristiyanların sayısı iki yüz elli bin. Bulgar sınırı yüzlerine kapatılmış. Türklerin Avrupa'ya dönüşlerinin meyvelerini ancak Makedonya ve Batı Trakya toplayabilecek. Şimdi Makedonya'da yarım milyona yakın göçmen var. Bunların karnının nasıl duyulacağını kimse bilmiyor. Ama gelecek ay bütün Hıristiyan dünyası şu feryadı duyabilecek: Makedonya'nın yardımına koşun!"[26]

14 Kasım tarihli bir başka yazıda Trakyalı Göçmenler hakkında bu kez daha dramatik veriler sunan Hemingway'in kaleminden Trakya'daki göç olgusunu takip etmeye devam edelim. Hemingway bu kez Edirne'yi anlatıyor:

"Trendeki rahat yerime oturunca, Trakya'nın boşaltılışındaki dehşet bana, gerçekdışı gibi görünmeye başladı bile. Belleğimizin lütfu bu. Edirne'den The Star'a çektiğim bir telgrafta, boşaltmayı anlatmıştım. Buna yeniden dönmenin bir yararı yok. Boşaltma hala sürdürülüyor. Bu mektubun, Toronto'ya ne kadar zamanda ulaşacağı hiç önemli değil; bunu The Star'da okuduğunuz zaman, Makedonya'nın çamurlu yollarında evlerinden sürülen insanların, utanç verici bir

gölgeler ordusu halinde yollarına devam ettiklerinden hiç kuşkunuz olmasın. Çeyrek milyon insanın hareketi, hayli uzun bir zaman alıyor.

Edirne pek hoş bir yer değil. Gece saat on birde trenden indiğimde asker, denk, karyola, yatak, dikiş makineleri, bebekler, kırık çocuk arabaları ile dolu bir garla karşılaştım. Hepsi yağmur altında ve çamur içindeydi. Kerozen lambaları ortalığı aydınlatıyordu. Gar şefi o gün Batı Trakya'ya geri çekilen birliklerin askerleriyle dolu elli yedi vagon gönderdiğini söyledi. Telgraf hatlarının hepsi kesik. Hala gelen asker var ve bunları boşaltmaya da olanak yok.

...

Dışarda yağmur hala çiseliyordu. Üzerinde bulunduğumuz çamur denizinin sonundaki taş yolda insan sürüleri dur durak bilmeden yürüyüşlerini sürdürüyorlardı. Yol, Edirne'den çıkıp Meriç Ovası boyunca ilerliyor, Karaağaç'ta başka kollara bölünüyor ve Batı Trakya'ya oradan da Makedonya'ya kadar uzanıyordu.

Shorty ile arkadaşı İstanbul'a sonra da Rodos'a döneceklerinden Edirne'yi kesip içinden geçen göçmenlerin yanı sıra, beni taş yola kadar otomobilleriyle bıraktılar. Kağnı arabaları, develer, yolda batıya doğru ağır ağır ilerlerken boş arabalarına binmiş, lime lime giysileri yağmurdan sırılsıklam, kırmızı fesleri kirden kararmış Türkler de, akıntıya karşı yönden ilerlemeye çalışıyorlardı. Türklerin sürdüğü her arabanın içinde, tüfeğini bacaklarının arasına kıstırıp oturmuş bir Yunan askeri vardı. Yağmurdan sakınmak için de kaputlarının yakalarını enselerine kadar kaldırmışlardı.

Arabalar Yunanlılar tarafından toplanmıştı ve Trakya içlerine, göçmenleri ve mallarını almaya yardımcı olmak için gönderiliyorlardı. Hakları da vardı.

Taş yolun tam Edirne içine girdiği yerde geliş-gidiş, atının üzerinde oturan bir Yunan süvarisi yönetiyordu. Sürekli sola yol vermekteydi. Türklerin sürdüğü arabalardan birine sağa sapmasını işaret etti. Türk arabacı öküzlerini sağa yöneltince araba bir çukura düştü ve yanındaki başı önüne düşmüş uyuklamakta olan Yunan askeri sıçrayarak uyandı. Sürücünün ana yoldan saptığını gördü, başladı adama tüfeğinin dipçiğiyle vurmaya.

Türk sürücü yorgun, çökmüş ve aç aç bakan bir köylüydü. Yüzükoyun arabadan aşağıya yuvarlandı. Sonra dehşet içinde kalkıp, tavşan gibi yoldan aşağıya kaçmaya başladı. Koştuğunu gören bir Yunan süvarisi, atını mahmuzlayıp yetişti, hayvanıyla çarparak adamcağızı tekrar yere devirdi. Sonra öteki iki Yunanlıyla birlikte kollarından tutup kaldırdılar. Süvari, köylünün suratına birkaç tokat yapıştırdı. Adamın yüzü kan revan içindeydi; gözlerini iri iri açmış, her tokatta bağırıyor, arabasına dönüp yeniden öküzlerini sürmesini istediklerini anlamıyordu. Yolda yürüyen göçmenlerden hiçbiri bu olayla ilgilenmemişti bile. Beş mil kadar göçmen kafilesi ile birlikte yürüdüm..."

Hemingway'in anlattığı hem Hıristiyan halkla birlikte Yunanlıların hem Anadolu'ya doğru Müslüman halkın göçüydü. Balkan savaşından sonra bölgenin kaderi haline gelen bu manzarayı romancı titizliği ile tüm ayrıntılarına varana kadar başka kim böylesine etkileyici aktarabilirdi ki... Soğukkanlı bir bakış açısıyla insan odaklı bu aktarımlarda, toplumları oluşturan bireylerin siyasi ya da askeri kararların altında yaşamlarının alt üst oluşlarını bütün netliği ile hissedebiliyorsunuz.

Bölgede Balkan savaşları ile birlikte başlayan göç olgusuna geniş bir bakış attıktan sonra Osmanlı'nın büyük umutlarla Avrupa'ya açılmasının ardından dikkati çeken önemli bir unsuru daha vurgulamak isterim. Bu göçlerle Anadolu 'muhacir' gerçeğiyle tanışırken, onca yenilginin ardından Kurtuluş Savaşı'nın zaferle sonuçlanmasını sağlayan sebeplerden biri bu göç olgusuydu.

Kaybedilen topraklardan Anadolu'ya gelen göçmenlerin, Anadolu'nun demografik, ekonomik ve sosyal yapısına büyük etkileri oldu. Balkan Savaşları'ndan I. Dünya Savaşı'nın başına kadar dört yüz bin kadar muhacir Anadolu'ya göç ederek iskân edildi; Edirne ve Aydın başta olmak üzere, Karesi, Sivas, Ankara, Konya, Biga, Canik gibi çeşitli vilayetlere yerleştirildiler. Dolayısıyla Anadolu'da Türk nüfus oranı arttı. Kurtuluş Savaşı'na giden süreçte millî bir Türk Devleti'nin temellerinin atılmasına bu nüfus yoğunlaşmasının katkıda bulunduğu değerlendiriliyor.

Askerî açıdan bakıldığında da yıllardır savaşlarla azalan Anadolu nüfusu bu göçlerle güçlenirken, Anadolu'nun etnik yapısında Türk nüfusu ağırlık kazandı. Ayrıca Osmanlı İmparatorluğu Avrupa'da varlığını yitirdiğinde, geriye dönük göç yolları Balkanlar'da yaşayan ilerici, aydın, hoşgörülü Osmanlı insanlarıyla doldu. Trakya ve İstanbul'da öbek öbek yorgun bitap insanların varlığı, yüzyılların gururu ile taşınan Osmanlılık düşüncesini yerle bir etti. Yerlerinden yurtlarından olan bu insanların içinde özlemin yanı sıra öfkenin var olması ve bunun da mücadele gücünü artırması, göçüp geldikleri toprakları koruma çabası sergilemelerinden doğal ne olabilirdi ki...

İşte böyle bir ortamda Halide Edib, İngiltere'den yurda döndü. Balkan Savaşı Osmanlı Devleti için yıkımın, acıların ve tarih sahnesinden çekilişin yaşandığı bir süreçti ve bu süreçte toplumun ileri gelenleri 'milliyetçilik' akımının da etkisiyle varlık savaşına katılmıştı. Halide Edib de bu yıllarda *"Teali-i Nisvan Cemiyeti"*nin *(Kadınları Yükseltme Derneği)* kurucuları arasında yer aldı. Cemiyetin yardım faaliyetlerine bizzat katılıyordu ve yaralıların bakımını üstlenen hastabakıcı kolunu organize etti.

Derneğin organizasyonları arasında zor durumdaki Makedonya'ya yardım ve destek de vardı. Düzenledikleri bir etkinliği Halide Edip şöyle anlatmıştı:

"...Teali-i Nisvan Cemiyeti, hastahanelere yardım ve aynı zamanda Makedonya'daki sivil Müslüman Türklere revâ görülen zulüm ve kıtali protesto etmek maksadıyla büyük bir salonda bir miting tertîb etmişti.

Salon hıncahınç dolu idi. Altı tanınmış kadın şair ve muharrir konuştu. Bunların en kuvvetlisi, merhum Celâl Sahir'in annesi Fehime Nüzhet Hanım'dı. Miting sona ermeden kadınlar kalkıp elmaslarını ve kürklerini masanın önüne yığdılar. Aynı zamanda miting, iki kadın delege seçerek Beyoğlu'ndaki sefarethaneler vasıtası ile Türk kadınlarının protestolarını kraliçelere göndermişti. Bütün bu hâdiselerden sonra o kadar yorgundum ki, nihayet bir zaman için 1913 İlk kânunda Alman Hastahanesi'ne yattım..."

Kadınların sorunları sahiplenişi ve organizasyon becerisi bu anlatıda dikkati çekiyor. O günlerde Halide Edip aynı zamanda kadının eğitiminin artırılması için de eğitim ile ilgili bir kitap yazmaya yönelmişti. Amerikalı düşünür ve eğitimci Herman Harrell Horne'un *"The Psychological Principle of Education" (Eğitimin Psikolojik Temeli)* adlı eserinden yararlandı ve *"Talim ve Edebiyat"* adlı kitabı yazdı. Roman yazmaya da devam etti ve Yeni Turan'ın yanı sıra *"Harap Mabetler"* ve *"Handan"* isimli romanlarını da kaleme aldı. O dönemde Halide Edip, Osmanlı'nın kurtuluşunun Türkçülükle mümkün olacağını düşünüyor ve yayıyordu.

Yeniden Evlilik

Hastabakıcılık yaptığı sırada gördükleri onda milliyetçilik duygularını derinleştiriyordu. Balkan Savaşı'nın intikamını alma isteği gündemdeydi ve Birinci Dünya Savaşı yaklaşıyordu.

Trakya'daki göç dalgasının yaydığı karamsarlığın yanı sıra imparatorluğun daha nasıl yenilgilerle karşılaşacağı bilinmezken, İstanbul'da dünyanın gözü önünde oluşan ittifaklar tartışılmaya başlanmıştı. Kaos havasında her kafadan bir ses çıkıyor, ülkeler arasındaki gizli görüşmelerden sızan haberler dikkatle takip ediliyor, kimileri tarafından ise oldukça hayalperest senaryoların dile getirildiği görülüyordu.

İttihat ve Terakki Cemiyeti'nin 20 Eylül 1913 tarihinde düzenlenen kongresinde siyasi, iktisadi, idari ve eğitim başlıkları altında toplanan yepyeni bir program hazırlanırken, Cemiyetin artık siyasi bir fırka yani siyasi parti olması kararlaştırıldı. Bu arada Almanya'dan bir heyet dâvet edilmesine de karar verildi ve Liman Von Sanders başkanlığında oluşturulan heyet, Aralık ayında İstanbul'a geldi.

Osmanlı Sarayı'na damat olarak girmiş bulunan *"Edirne kahramanı"* diye nitelenen Enver Paşa da siyasal manevraları sonunda 4 Ocak 1914'te Harbiye Nazırı oldu. Yeni Harbiye Nazırı, orduyu gençleştirmek için ilk iş olarak, 6 Ocak 1914'te çıkarılan bir kanunla tasfiyeye başladı. Yüksek rütbeli ve belli yaşın üzerindeki pek çok asker emekli edilerek, yerlerine yenileri getirildi. Bu arada seçimler yenilendi ve yeni Meclis, 14 Mayıs 1914'te çalışmalarına başladı. İç siyasetteki dengeler İttihatçıların lehine seyrediyordu.

İttihatçılar ise bu sırada varlık gösterme veya kendini kanıtlama kaygısı ve arıyışı içindeydi. Dünyanın İtilaf ve İttifak devletleri olarak gruplaşmaya başladığı bir dönemde dış siyasette

İmparatorluk, uluslararası alanda tam anlamıyla yalnızlığa itilmiş durumdaydı. İngiltere, Fransa ve Rusya İttihatçı liderlerin ittifak girişimlerine olumlu bir cevap vermemişlerdi.

Özellikle Avusturya-Macaristan İmparatorluğu, Rusya'nın da desteğini alan Sırpların, Balkan Savaşları sonunda topraklarını genişletmesinden ve Panslavist politikalara yönelmesinden rahatsızdı ve Avrupa'da gerilim tırmanıyordu. Avusturya-Macaristan İmparatorluğu Veliahdı Ferdinand'ın Saraybosna şehrine yaptığı ziyaret sırasında bir Sırp milliyetçisi tarafından öldürülmesi üzerine 28 Temmuz 1914'te Avusturya, Sırbistan'a savaş ilan etti. Almanya, 1 Ağustos'ta Rusya'ya; arkasından 3 Ağustos'ta Fransa'ya savaş ilan etti. Durum karşısında 5 Ağustos'ta İngiltere'nin Almanya'ya savaş açmasıyla Birinci Dünya Savaşı başlamış oldu.

Osmanlı yöneticileri başlayan savaşta kendini koruma amaçlı saf ararken, kısa süre sonra Osmanlı'nın İtilaf Devletleri'nin paylaşım planlarının tam merkezinde yer aldığını anladılar. İttifak girişimlerine İtilaf Devletleri'nden olumlu bir cevap alamayan İttihatçılar, bir savaş ihtimalinin belirmesi üzerine, 23 Temmuz 1914'ten itibaren Osmanlı Devleti ile ittifak kurmak için görüşmeler yapan Almanların ittifak teklifine olumlu yaklaştı. Gizli yürütülen görüşmeler sonunda Almanya ile 2 Ağustos 1914'de bir ittifak antlaşması imzalandı.

Osmanlı Hükümeti 5 Eylül 1914 tarihinde kapitülasyonların kaldırılması yönünde karar aldı. Ancak bu karardan İmparatorluğun müttefiki olan Almanlar da dâhil olmak üzere, Batılı tüm büyük devletler rahatsız oldu. İttifak antlaşmasından hemen sonra Osmanlı Hükümeti seferberlik ilan ederek asker ve malzeme toplanmaya başladı. Alman donanmasına ait iki savaş gemisinin *(Goben ve Breslov)* Harbiye Nazırı Enver Paşa'nın bilgisi dâhilinde

Çanakkale Boğazı'ndan geçerek 29 Ekim 1914 tarihinde Rus sahillerini bombalaması üzerine Osmanlı İmparatorluğu da resmen savaşa katılmış oldu, 11 Kasım 1914'te ise Osmanlı İmparatorluğu, İtilaf Devletlerine karşı savaş ilan ettiğini açıkladı.

İttihatçılar o günlerde gerçekçilik sınırlarını aşan bir şekilde aşırı öz güvenle Almanya'nın kesinlikle savaşı kazanacağına inanıyorlardı. Oysa savaşın birçok cephesi Osmanlı topraklarında açılmıştı ve Osmanlı İmparatorluğu, aynı anda Kafkas, Kanal, Filistin, Irak, Galiçya ve Çanakkale cephelerinde mücadele etmek zorunda kaldı. Bunların hepsinde çok zor şartlarda savaşılmasına rağmen, Çanakkale dışındaki cephelerde kesin bir sonuç elde edilemedi. Kayıplar art arda geldi.

Savaş demek yıkım, kayıp demekti... Ölümler, sakatlanmalar, hastalıklar, yokluk demekti... Ülkenin seferberlik ilan ettiği o günlerde 1913'te öğretmenlik mesleğinden istifa etmiş bulunan Halide Edib, *"Kız Mektepleri Umumî Müfettişliği"* teklifini kabul etmiş, müfettişlik yapıyordu. Kız okullarını denetlerken, pek çok kız öğrenciye, okuması için destek oldu ve onların edebî faaliyetlerini destekledi. Bu sayede İstanbul'un eski ve arka mahallelerinde oturan fakir halkı tanıdı. İzlenimlerini başta *"Sinekli Bakkal"* adlı ünlü romanında ve daha birçok eserinde anlattı. Yaklaşan savaşın yıkımı öncesinde imparatorluğun içinde bulunduğu sorunları yansıtarak alarm veriyordu.

Kız Mektepleri Umumî Müfettişliği döneminde faaliyetlerini kontrol ettiği yetimhane ve okulların açılışı sırasında Dr. Adnan Adıvar'la tanıştı. Ona güvendiğini şu sözlerinden anlıyoruz...

> *" 5 Mart Muharebesi'nden sonra Yusuf Akçura*
> *bütün milliyetçi muharrirleri Türk Yurdu binasında*
> *bir toplantıya davet etti. Muhasım devletler şayet*

İstanbul'a girerlerse bu muharrirlerin nasıl bir hareket tarzı ihtiyar edecekleri münakaşa mevzuu idi. Evvelâ böyle bir felâket karşısında muharrirlerin İstanbul'da kalıp kalmamaları meselesi konuşuldu.

Bu toplantı çok hareketli olmuştu. Hemen herkes büyük bir heyecan ve taşkınlık içinde kendi fikrini ileri sürüyordu. Bereket versin bu içtimada Dr. Adnan, reis seçilmişti. Onun büyük bir soğukkanlılıkla idaresi toplantıyı imkân dairesinde sükûnet içinde geçirtti.

İlk teklifte, milliyetçiliğin mahiyetini her muharririn onu kendi anlayışına göre ifade etmesi talep ediliyordu. Türk milliyetçiliğin unsurlarının hangisinin en mühim ve ana temel olabileceği o gün için hemen hemen hayatî bir mesele idi."

Eğitimle ilgili birçok toplantıda karşılaştıkları Dr. Adnan Adıvar ile yakınlaşacak olan Halide Edip, evliliğe giden yoldan önce Suriye, Lübnan ve Şam'a gitti. Birinci Dünya Savaşı devam ederken 1916 yılında Cemal Paşa'nın daveti üzerine hoca ve maarifçi olarak Nakiye Hanım ve Hamdullah Suphi Bey ile birlikte okul açmak için Arap eyaletlerine gitti. Burada iki kız okulu ve bir yetimhane açan Halide Edip, Anadolu ve Ortadoğu topraklarındaki bu ilk gözlemleri ile ülkesini daha yakından tanıma imkânı bulmuş oldu.

Hatıralarında, tren yolculuğundan, durdukları her istasyondan, o zamana kadar tanımadığı Anadolu'dan, şehirlerden, köylerden bahsederken, Konya'dan çok etkilendiğinden söz etti. Çünkü gittikleri bir köyde erkeklerin hepsi savaşa gitmiştir ve kadınlar tarlalarda çalışmaktadır. Kadınlar ve çocuklardan başka kimsenin kalmadığı köylerde erzakı yetiştirmek için kadınların nasıl çalıştıklarına şahitlik etti. Bir diğer etkilendiği manzara ise Halep'teydi. Eşlerini, sevgililerini, oğullarını bir kez olsun görmek için tren istasyonuna akın etmiş kadınların görüntüsü aklından çıkmadı. Bir de Ermeni çocukların yetimhanede yaşadıkları... Anılarında bu konuyu şöyle işlemişti:

> *"İstanbul'a hareket etmeden evvel Cemal Paşa, Nakiye Hanım ve Hamdullah Suphi Bey'le beraber bize Ayin Tura Yetimhanesi'ni gezdirdi. Vaktiyle Cizvitler tarafından yapılmış olan, geniş bir bahçe içinde, muhtelif sağlam taş binalardan müteşekkil bir kolej imiş. Şimdi içinde dört yüz yetim çocuk bulunan, bizim hükümete ait bir yetimhane idi. İki kadın, iki de erkek hocası vardı. Çocuklar zayıf, mahzun ve bakımsız görünüyorlardı. Bunlar, Türk, Ermeni ve Kürt çocuklarından müteşekkildi. Hepsi, kıtal, hicret ve harbin sokağa, hatta beyâbâna saldığı kimsesiz çocuklar. Babalarının hatalarından şu veya bu sebepten dolayı mesul olmayan yavrular.*
>
> *Bu Yetimhane üzerinde merhum Cemal Paşa ile aramızda hayli çetin ve uzun münakaşalar oldu. Ben, Ermeni çocuklarının Türk veya Müslüman ismi taşımalarına itiraz ettim. Bunun sebebini Cemal Paşa şu surette izah etti. Şam'da Ermeniler tarafından idare edilen yerde Cemal Paşa idaresinin yardım ettiği birtakım yetimhaneler vardı. Bunlar yalnız Ermeni çocuklarını alırlardı. Hiç birinde yeniden çocuk alacak yer kalmadığı gibi, yeni bir yetimhane açmak için de maddî imkân kalmamıştı. Ayin Tura sadece Müslüman çocukları için olup, orada henüz yer vardı. Ermeni*

yetimhanesinin alamadığı kimsesiz, avare Ermeni çocuklarını Ayin Tura'ya alırken onlara Türk veya Müslüman ismi vermek zarurî idi. Esasen din dersi de verilmiyordu. Yani Ermeni çocuklarını zorla Müslüman yapmak gibi bir gaye yoktu. Din ve milliyete dokunulmazlık taassubu bazı feci vaziyetlerde ve hayatî ihtiyaçlar karşısında kuvvetini kaybedeceğini o zaman hiç düşünmemiştim. Her halde 16 Eylül 1916 tarihinde İstanbul'a dönerken, Ayin Tura ile aramda doğru veya yanlış hiç münasebetim olacağını aklıma getirmemiştim. Lübnan ve Arap diyarında tahsil ve terbiye sahasında fiilen harekete geçeceğimi hiç düşünmeden dönmüştüm. Fakat Suriye'ye döndüm, hem de çok geçmeden döndüm."

Halide Edib, Eylül 1916'da İstanbul'a döndü. Cemal Paşa'nın tekrar Lübnan ve Suriye'ye gelerek okul açma faaliyetlerini üstlenmesi ve *"Ayin Tura Yetimhanesi"*nin başına geçmesi için yaptığı teklifi düşünmeden kabul etti ve tekrar bölgeye gitti. Çünkü hayatını yazarlık ve eğitmenlik olarak iki safhaya ayıran Halide Edib, bu tarihe kadar *"Handan" (1912)*, *"Yeni Turan" (1912)* ve bir aşk romanı olan *"Son Eseri" (1913)* ile hatırı sayılır bir şöhret sahibi olmuştu ama Birinci Dünya Savaşı'nın yarattığı ümitsizliğin etkisiyle, yazarlığının önemini yitirdiğini düşünmeye başlamıştı. Savaş ortamında eğitmenliğin daha önemli olduğunu düşünmüş olacak ki, gelen teklifi ikiletmedi ve o çok etkilendiği yetim çocuklar için yeniden yola çıktı.

Anılarında uzun uzun bu yetimhaneyi, çocukları, içlerinde bulundukları sağlık ve temizlik koşullarını anlattı. Yetimhanenin biraz olsun daha insani koşullara ulaşması için çabalarını da... Bu arada Lübnan'da *"Kenan Çobanları"* adlı üç perdelik operanın librettosunu yayımladı. Yusuf Peygamber ve kardeşlerini konu alan bu eseri Vedi Sebra besteledi ve savaş koşullarına rağmen yetimhane öğrencileri tarafından 13 defa sahneye kondu. Bu sırada özel hayatında da önemli bir gelişme oldu, Salih Zeki'den ayrılma talebiyle artık ondan ayrı bir hayat kurmuş olan Halide resmi olarak da boşanmış oldu.

İstanbul'dan uzakta çocuklarla kendine yeni bir dünya kurmuş olan Halide Edip'in yaşamına bir süre sonra da Dr. Adnan Adıvar girdi. Zaten Adnan Adıvar ile sıkça farklı toplantılarda karşılaşıyor ve arkadaşlık ediyordu. Kendisi Suriye'deyken babasından vekâlet etmesini istedi ve nikâhları Bursa'da kıyıldı, 1917'de İstanbul'a daha dönmeden ikinci evliliğini yaptı.

Dr. Adnan Adıvar ile Halide Edip'in evliliği, ilişkileri hakkında fazla bir şey bilmeden bana hep Çalıkuşu'nu hatırlatmıştı. İkisi ile ilgili zihnimde savaş ortamında karşılaşan bir asker ve bir öğretmen fotoğrafı oluşmuştu. Türkün Ateşle İmtihanı'ndan mı kaynaklı bu düşüncem bilemiyorum ama Halide Edip-Adnan Adıvar çiftinin ilişkisinin bir yoldaşlık, yol arkadaşlığı olduğuna yönelik kanaatim baki kaldı.

Atatürk'le yaşıt olan Adnan Bey, 1881 yılında Kadı Ahmet Bahaî Efendi ile Sabiha Hanım'ın oğlu olarak Gelibolu'da dünyaya gelmişti. İlköğrenimini Numune-i Terakki Mektebi'nde, lise öğrenimini ise Mülki İdadi'de tamamlamıştı. 1899 yılında İstanbul'da Tıbbiye Mektebi'ne başlamıştı. 1905'te tıp eğitimini bitirdiğinde Meşrutiyet yanlısı çalışmaları nedeniyle Avrupa'ya kaçmak zorunda kaldı. Uzmanlık diplomasını Berlin Üniversitesi Dâhiliye Kürsüsünden alırken, II. Meşrutiyet ilan edildikten sonra 1909 yılında yurda döndü ve tıp okullarında öğretim üyesi ve yönetici olarak çalıştı.

1910 yılında Tıbbiye Mektebi müderris muavini *(Doç. Dr.)* oldu. Genel sekreterliğini yaptığı Kızılay'ın *(Hilal-i Ahmer Cemiyeti'nin)* yeniden yapılanmasında büyük emeği geçti. 1911 yılında Hilal-i Ahmer Cemiyeti müfettişliği sıfatıyla Trablusgarp Savaşı'na katıldı. Savaştan sonra iki yıl Tıp Fakültesi müdürlüğü yaptı. Bu sırada da evlendiler.

Adnan Adıvar, Birinci Dünya Savaşı'ndan sonraki işgal yıllarında kurulan gizli direniş cemiyetlerinden Karakol Cemiyeti'nin kurucuları arasındaydı. 1919'da Osmanlı Mebusan Meclisi seçimlerinde *"Milli Türk Fırkası"* adayı olarak seçime girmiş, kazanmış ve mebus olmuştu. İstanbul'un işgali üzerine Anadolu'ya geçerek Kurtuluş Savaşı'na katılmış, Milli Mücadele döneminde ülkenin kurtuluşu için büyük çaba sarf edenler arasında yer almış ve Birinci Meclis'te de Sağlık Bakanlığı yapmıştı.

Yıkımdan Çıkan Direniş

Bir süre Darülfünun *(İstanbul Üniversitesi)* Edebiyat Fakültesi'nde *"Batı Edebiyatı"* dersleri okutmaya başlayan ve bu sırada Türk Ocakları bünyesinde çalışmasını sürdüren Halide Edip, Türk Ocakları bünyesindeki küçük bir grubun Anadolu'ya uygarlık götürmek amacıyla kurduğu Köycüler Cemiyeti'nin başkanı oldu. Bir yandan art arda gelen yenilgi haberlerinin arasında çağdaşları gibi ülkesini kurtarmanın yollarını ararken, bir yandan da halkının geri kalmışlığını gidermenin de çareleri üzerine düşünüyordu.

Belki bugün ona çelişkilerle dolu diyebiliriz ama o gün için Halide Edip'in de tıpkı diğer düşünen tartışan Osmanlı aydınları gibi farklı düşüncelerin etrafında dolaştığı, arayışta olduğu ve fikirlerinin zaman zaman değiştiğini söylemek gerekiyor. O bu süreçte kendisini şöyle anlatıyor:

> *"Herkes gibi ben de 1914'ten itibaren geçen hadiselerin tesiriyle yorgun, şaşkın ve canımdan bıkkın bir vaziyetteydim. Osmanlı İmparatorluğu çökmüştü. Fakat bu korkunç çöküntü altında ezilenler sadece Birinci Büyük Dünya Savaşı'na Türkiye'yi sokan İttihatçılar değildi. Şurasını da eklemek isterim ki, o savaşa girsek de girmesek de imparatorluğun devam edemeyeceğine, ben o günlerde de inanmıştım. Bununla beraber geleceği görebilen bir siyaset takip edebilseydik, belki o günün ani ve korkunç akıbetine uğramazdık. Herhalde o gün imparatorluğun ölümü apaçık bir hakikatti.*
>
> *Esasen bir taraftan Türkiye'deki azınlıklar arasında Batı devletlerinin yıllarca devam eden hazırlıkları*

olduğu kadar, Abdülhamit devrinde başlayan muhtelif ve karşılıklı kıtaller (topluca öldürmeler) ve bilhassa tehcirler (göç ettirmeler) de bu neticeyi bir gün getirecekti.

Birinci Dünya Savaşı'nın sonunda Rusya "hors de combat" yani savaş sahnesinin dışında kalmıştı. Bundan dolayı İngiltere, Fransa ve belki İtalya, zaferlerinin büyük ganimetine namzettiler. İtalya hissesini, bir dereceye kadar Avusturya'dan almıştı. Ötekiler, Osmanlı İmparatorluğu'nu nüfuz bölgelerine ayırarak, onların üstünde hâkimiyetlerini yürütmek suretiyle hisselerini almak istiyorlardı. Şurası bir hakikattir ki, Türkiye'de müttefiklerin ahlâkça üstünlüğüne ve onların insan hakları, adalet gibi büyük sözlerine inanmış olanlar dahi, bunları Türkiye'ye tatbik edeceklerinden emin değildiler. O günlerde Wilson'un on dört prensibi şamatayla ilan edilince, bütün dünyada büyük bir tesir yaptı ve Türklerin çoğunlukta oldukları yerlerde, istiklallerine dokunulmayacağı zannı hâsıl oldu. Bu görüşlere inanan Türk aydınları müttefiklerin hiç olmazsa iki şeyden sakınacaklarına inanıyorlardı: Bu şeylerden birincisi şuydu: Türkiye'nin doğusunda ve batısında bir Ermenistan kurmaya teşebbüs etmeyecekler. Çünkü Ermeni tehcir ve kıtalinden önce de buralarda Ermeni nüfusu en az %2, en çok da %20'yi geçmemişti. İkincisi, Yunanlılara Ortadoğu'da yer vermeyecekler. Çünkü böyle bir teşebbüsün bu iki millet arasında kanlı bir mücadele açacağı muhakkaktı. Eğer müttefikler bu iki şeyden kaçınmış olsaydılar, bugünün tarihi bambaşka bir şekilde gelişecekti".[27]

Kimin neyi neden yaptığı kadar, kimin hangi safta neden durduğunun da önemli olduğu günlerdi. Halide Edip gibi aydınlar, kurtuluş mücadelesine giden yolda işgaller art arda gelene dek çok farklı düşünceler arasında savrulup durdular. O günlerde pek çok kişide, kararsızlık, ümitsizlik ve endişe hâkimdi. Herkesin üzerinde ağır bir belirsizlik havası vardı. Savaş sonunda kayıplardan sorumlu olarak görülen İttihatçılar zor günler yaşıyordu, itibarları gün geçtikçe azalıyordu. 13 Kasım 1918'de İstanbul'un işgali kafaları netleştiren ilk olay oldu.

Aslında Osmanlı'da 1900'lü yılların başında herkesin kabul ettiği bir gerçek vardı ki o da imparatorluğun dağıldığı gerçeğiydi. Bu nedenle ağırlık kazanan en etkin fikir akımlarından biri 'Büyük Turan Devleti' oldu. Ziya Gökalp ile birlikte o dönemin aydınlarının ürettiği en büyük idealdi bu. Bu ideal Birinci Dünya Savaşı'na gözü kapalı girilmesini sağlarken, savaşın yıkımı hissedilmeye başlandı.

Birinci Dünya Savaşı tüm şiddeti ile sürerken, kadınlar cephenin gerisinde tüm hayatı idare etmeye başladılar. Hangimizin geçmişinde herşeyi idare eden güçlü bir anneanne ya da babaanne figürü yok ki... İşte bu zor koşullardaki kadınların mücadelelerinin o güçlü kadın portrelerinin, geleceğe taşındığını düşünürüm hep.

İlk feminist kadın derneği işte bu dönemde kuruldu. Gazeteler her geçen gün kadın yazar kadrosunu genişletiyordu. Üniversiteler de kız öğrencilere kapılarını ilk kez bu dönemde açtı. Ayrıca 1917'de çıkarılan Aile Hukuku Kararnamesi ile kadınlar ilk kez boşanma hakkını elde etti.

Ancak kadınlar mücadelelerinde başarı sağlıyor, yeni yeni haklar elde ediyor olsa da ülke savaşın sonunda imzalanan Mondros Ateşkes Antlaşması ile bitişe sürükleniyordu. Çok ağır şartlar taşıyan anlaşmaya göre Osmanlı ordusu bütünüyle İtilaf güçlerinin denetimi altına sokulurken, ülke savunmasız bir hale getiriliyordu. Hatta antlaşmanın 7. maddesine göre, İtilaf Devletleri güvenlikleri için tehlikeli gördükleri stratejik yerleri işgal edebileceklerdi. Savaş yıllarında yapılan gizli antlaşmalar doğrultusunda İngiltere, Fransa, İtalya ve Yunanistan tarafından hiçbir haklı gerekçe olmadan Osmanlı Devleti'nin toprakları işgal edilmeye başlandı.

İngiliz, Fransız ve İtalyan birliklerinin İstanbul'u işgali ile 15 Mayıs 1919'da İzmir'in işgali arasında geçen zamanda mücadele fikri olgunlaştı, adım adım gelişti, yaklaşan Kurtuluş Savaşı için güç birliğinin arttığı gözlendi.

Aslında İstanbul'un işgalinin Anadolu'daki yankısı, işgal altında bastırılan İstanbul'dakinden daha çok oldu. Bunun nedenleri arasında işgalin yarattığı sansür ve baskı ortamı kadar Beyoğlu ve Galata gibi Gayrimüslimlerin yoğun olarak yaşadığı semtlerde bir şenlik havasının hâkim olması da vardı. Rum ve Türk gazetelerinde farklı bölgelerden gelen göçmenlerle âdeta bir göçmen şehri görünümünü alan İstanbul'un sahipliği hakkında karşılıklı sert yazılar çıkıyordu. Bazı azınlıkların işgalcilerle birlik olmasından rahatsız olan, buna karşın Hükümetin tepkisizliğinden, halkın kargaşa ve birbirleriyle kavga halinde olmasından ve birlikte hareket etmemesinden çok üzüntü duyan insanlar da vardı.

Bu arada zaten İtilaf Devletleri'nin özellikle de İngiltere'nin hem saray hem de yeni hükümet üzerindeki baskı ve etkisi artmaya başladı ve İttihatçılar cezalandırıldı, Divan-ı Harp kuruldu. Pek çok İttihatçı mebus ile Hüseyin Cahit, Kara Kemal, Tevfik Rüştü, İsmail Canbolat ve Ziya Gökalp gibi önde gelen isimler 30 Ocak 1919'da Divan-ı Harp'te yargılanarak tutuklandı, Malta adasına sürgüne gönderildi.

İngilizlere yakın duran Hürriyet ve İtilaf Fırkası, 22 Ocak 1919'da ilk bildirisini yayınlayarak siyasi hayata yeniden atıldığını açıkladı. Peyam, Sabah ve Alemdar gazeteleri ile bunların başyazarları Ali Kemal, Refi Cevat ve Refik Halit tarafından desteklenen Hürriyet ve İtilaf Fırkası güçlenmeye başladı.

Açıktan yaşanan tartışmalarda işgale karşı üretilen çözümler arasında özellikle bazı devletlerle birlikte hareket etmek öne çıkarken, gizliden gizliye Anadolu'da örgütlenmenin temelini oluşturacak askeri hareket yaşanıyordu. Örneğin Mustafa Kemal Paşa'nın 13 Kasım 1918'de İstanbul'a gelmeden önce emrindeki birlikleri teslim ettiği II. Ordu Komutanı Nihat *(Anılmış)* Paşa, Osmanlı Ordusu'nun kışlama yerleri hakkında İstanbul Hükümeti ile bir dizi görüşme gerçekleştirdi. Bu arada ordu birlikleri tarafından elden geldiğince silah ve cephane Anadolu içlerine naklediliyordu. Ayrıca savaş boyunca bilfiil cephede bulunan Ali Fuat Paşa da tedavi olmak ve Anadolu içlerindeki vaziyeti görüp anlamak için bir askeri müfreze ile birlikte trenle İstanbul'a hareket etti. Yirmi günlük bu seyahatinde Anadolu'da gördükleri pek iç açıcı değildi. Ülke yorgun ve yoksuldu. İç ve dış düşmanlar kargaşayı körüklüyorlardı.

20 Aralık 1918 tarihinde payitahta giden Ali Fuat Paşa İstanbul'a ulaştığı ilk gün hemen Mustafa Kemal Paşa'yı Şişli'deki evinde ziyaret etti ve gördüklerini anlattı. Millî Mukavemet yani milli direniş her iki paşaya göre de tek kurtuluş yoluydu. Milli Mücadele'ye taraftar bir hükümet kurulmalıydı. Kimilerine göre Mustafa Kemal Paşa o günlerde bu düşünceyle Harbiye Nazırı olmak için çabaladı; ama bir sonuç alamadı.

İstanbul'da bir araya gelen Paşalar, vatanın kurtuluşu için neler yapabileceklerini kendi aralarında sık sık görüşüyorlardı. Ali Fuat Paşa, Batı Anadolu'da ortaya çıkan başıbozukluğu ve asayişsizliği önlemek ve bunların yerine milli kurtuluşa esas olacak bir teşkilatı hazırlamak üzere İstanbul'da askeri ve sivil pek çok kişi ile görüştü. Bu arada ateşkes sonrasında vatanın işgallerden kurtarılması için kendisi gibi çareler arayan Mustafa Kemal Paşa'ya bir kere daha her şart altında destek vaadinde bulundu. O günleri, o günlerdeki tutumunu Halide Edip şöyle anlatmıştı:

"...Benim ve herkesin Mustafa Kemal Paşa hakkındaki fikrimiz bu devrede şöyle ifade edilebilir: Çanakkale'de Anafartalar kahramanı; padişahın yaveri ve harikulade bir zekâ ve ihtirası olan bir insan diye tanınıyordu. Ben kendisini birkaç defa Babıâli'de görmüştüm. Şahsiyeti ve iradesi inkâr edilemeyecek bir görünüşü vardı. Doğu Anadolu'ya oradaki kuvvetleri yatıştırmaya gönderdiklerini işittiğim zaman ihtirası hakkındaki fikirlere hiç inanmadım. Türk'ün istiklalini koruyacak bir vaziyet aldıktan sonra, Türk milletinin kendisine en büyük mevkii vereceğini tabii görüyordum..."

Yaşadıkları başkent İstanbul'un işgali kadar, ülkede yaşanan işgallere İstanbul Hükümetinin ya da Padişah'ın sessiz kalışı da eğitimli, özgüvenli Osmanlı aydınlarını rahatsız ediyordu. İtilaf Devletleri'nin tepkisini çekmemek ve daha hafif şartlarda bir barış antlaşması yapılmasını sağlamak isteyen padişahın ve İstanbul Hükümeti'nin sessizliğine karşın tepki gösterenlerin bu rahatsızlığının sönüp gitmesi düşünülemezdi, öyle de oldu. Anadolu'da bir direniş hareketi başladı.

Zaten Müdafaa-i Hukuk adı altında örgütlenmeye başlayan direniş örgütleri yavaş yavaş irtibatlanmaya ve birlikte hareket etmeye de başladı. Birinci Dünya Savaşı'ndan sonra tasfiye edilen pek çok eski İttihatçı bu direniş örgütlerinin kuruluşunda ve çalışmalarında yer aldı. Mustafa Kemal Paşa gibi bu hareketi örgütleyenler olduğu gibi, Osmanlı ordusunun bazı başarılı isimleri de bu hareketi dikkatle izliyordu. Örneğin Osmanlı'nın Genelkurmay Başkanı Fevzi Çakmak aktif gizli desteği ile Kurtuluş Savaşı'nın kaderini etkileyeneler arasında yer aldı. Benzeri şekilde Osmanlı Paşaları arasında İstanbul'da hükümette yer alıp, Anadolu'ya askeri sevkiyat yaptırmak ya da işgalcilerin toplamaya çalıştığı mühimmatı direnişçilerin ele geçirmesini sağlamak gibi faaliyetler tarihe geçen önemli yurtseverlik örnekleriydi.

Direniş hareketinin silahlı bir direnişe dönüşmesinde bardağı taşıran ise İzmir'in işgali oldu. İstanbul'dan sonra İzmir'in de işgal edilmesi Anadolu'da işgalin ciddiyetini 'vatanın elden gittiğini' anlatan temel kanıt olarak algılandı. İşte 15 Mayıs 1919'da İzmir işgal edildiğinde ülkede esen fırtına, Karadeniz'e hareket etme hazırlıkları yapan Mustafa Kemal Paşa'nın Bandırma Vapuru'nu arkasına alarak yol aldığı fırtınaydı.

Osmanlı için Balkanları kaybettikten sonra İstanbul'un işgali ile şaşkın günler yaşayacağı ve derken Yunanlıların İzmir'i işgali ile bu şaşkınlığını atacağını yorumlamak mümkün; Osmanlı'nın ileri gelenleri İzmir'in işgali ile adeta kendine gelip, durumun aciliyetini kavradı ve direniş hareketi böylece ivme kazandı. Bu düşüncenin temelini yani İzmir'in işgalinin bardağı nasıl taşırdığını Halide Edip'i nasıl etkilediğini kendi kitabından okuyalım:

"...16 Mayıs 1919 sabahında kolejdeki hocam Miss Dodd bana telefon etti:

" Sen misin Halide? Bu İzmir meselesine çok canım sıkıldı."

"İzmir mi? Ne oldu İzmir'e?".

"Yunanlılar işgal ettiler."

"Ya!..."

Bunu der demez telefonu kapattım. Bu olayın teferruatını yine telefonla muhtelif dostlar bana bildirdiler. İzmir'i Yunan ordusu İtilaf kuvvetlerinin donanmaları himayesinde 15 Mayıs'ta işgal etmişti. Vali İzzet Bey de dâhil, memurları Kordonboyu'na sürükleyerek "Zito Venizelos!" diye bağırmaya mecbur etmişler. Buna boyun eğmeyenleri Kordon'da saatlerce yürüterek üstlerini başlarını parçalamışlardı. Bir hayli kanlı vakalar da olmuştu. Bu vak'alar esnasında şehit olanların sayısı hayli yüksektir. Hatta askerler ve bazı kumandanlar da buna dâhildir. Fakat işin hayret edilecek tarafı, bunun itilaf donanmasının gözü önünde yapılması idi. İşte Mister Lloyd George'un, Türkleri medenileştireceğiz diye gönderdiği ordu ne yazık ki, medenileştirmek hareketine böyle başlamıştır. Türk efkârını çığırından çıkaran işte bu ilk İzmir hadisesidir.

Ben, İzmir'in işgalinden sonra, hemen hemen bu mesele hakkında bir kimse ile konuşmamıştım. Fakat İstiklal Mücadelesi hissi bende bir çeşit mukaddes cinnet halini almıştı. Artık şahıs olarak yaşamıyordum. Bu milli mukaddes cinnetin bir parçasından ibarettim. 1922'de İzmir'i aldığımız güne kadar benim için hayatta başka hiçbir şeyin ehemmiyeti kalmamıştı..."

İzmir'deki aydınlar işgal haberinin ardından büyük bir miting hazırladılar ve dört bir yana bu tepkilerini 'direniş'e geçtiklerini telgrafla duyurdular. *"Müdafaa-i Hukuku Osmaniye Cemiyeti, Türk Ocağı ve İhtiyat Zabitleri Teavün Cemiyeti"* üyeleri tarafından on binlerce kişinin katılımıyla meşhur *"Maşatlık Mitingi"* düzenledi. Anadolu'nun farklı yerlerinden miting haberleri gelmeye başladı;

örneğin Kastamonu'nun Nasrullah Meydanı'ndaki miting gibi... Halide Edip'i geniş kitlelere duyuran sadece yazıları ve romanları olmadı mitinglerdeki konuşmaları da onun tanınmasında etkili oldu.

İzmir'in işgalinden iki gün sonra Üsküdar Kız Koleji'nde daha önce verilmiş söze uyarak konuşma yaptı. Aslında eğitim konuşmak üzere sözleşmişlerdi, kürsüye çıkarken Türk öğrencilerle göz göze gelişini ve o etkileşim sırasında hissettiklerini anlatışında Halide Edip'in medeni dünya değerlerine inancı, insanca duyguların kıymetini vurgularken yaşadığı hayal kırıklığı hissediliyor, bir de Anadolu'nun direnişinin kaçınılmazlığına ilişkin inancı.

> *"...Ertesi gün, Türk Ocağı'ndan telefon ettiler. Bir ses: "İzmir kıtalini protesto etmek üzere, hemen gel! Bu maksatla bir miting hazırlıyoruz. Bütün talebe birlikleri buna dâhildir."*
>
> *Ocağın reisi o zaman Ferit Bey'di. Ocakta bütün gençler heyecan içindeydiler. Bir tanesi: "Cebimde otuz lira olsa hemen İzmir dağlarına çıkacağım." dedi.*
>
> *O günlerde dağa çıkmak isteği hepimizin içinde vardı. Bundan hemen sonra ne padişahın zavallı siyaseti, ne de İtilaf orduları bir sürü genci İzmir'e gitmekten men edebilirdi..."*

18 Mayıs 1919'da binlerce öğretmen ve öğrencinin katıldığı *"Darülfünun Mitingi"* yapıldı, kalabalık salona sığmadı. Duygulu konuşmaların yapıldığı mitingde, gösteriler yapılarak işgallere karşı durulacağının tüm dünyaya duyurulmasına karar verildi. Bunun ilk yolu, mitingler yapmaktı. Fakülte temsilcileri, protesto mitinglerine katılımın yüksek olması için Darülfünunu tatil etme kararı aldı.

Bazı gazetelerin de desteklediği Fatih, Üsküdar Doğancılar, Kadıköy ve Sultanahmet Meydanı mitinglerinde dönemin aydınları ve mücadele insanları konuşmalar yaptı. Halide Edib ve Nakiye Hanımlar, Hüseyin Ragıp, İsmail Hakkı, Milaslı İsmail Hakkı, Hamdullah Suphi, Selim Sırrı, Emin Ali, Mehmet Ali, Selahaddin, Muslihiddin Adil ve Akil Muhtar Beyler mitinglerde konuşma yapan isimler arasındaydı.

22 Mayıs 1919'ta düzenlenen Kadıköy mitingi hakkında yağmura rağmen insanların miting alanını terk etmediğini belirten Halide Edip, *"Önümde bir şemsiye denizi çalkalanıyordu"* derken Kurtuluş Savaşı'nda kendi yaşadıkları kadar başka kadın karakterlerden de haberdar olmamızı sağlayan özelliği ile dikkat çekti. Halide Edip'in Asker Saime hakkında yazdıkları şöyle:

"...Kadıköy Mitingi'ndeki bu konuşmasının ardından işgal kuvvetleri tarafından tutuklanan Münevver Saime Hanım, daha sonra bir yolunu bularak asker olan eşiyle birlikte Anadolu'ya geçti ve fiilen Milli Mücadele'ye katıldı.

Bir İstanbul hanımefendisi olan Münevver Hanım, artık "Asker Saime" diye anılmaya başlandı. Kendisi Batı Cephesi'nde görevlendirildi. Cephe gerisinde ve istihbarat işlerinde önemli başarılar gösterdi. Yeri geldi cephede silah kullandı. Hatta İzmit'te bir görevi yerine getirirken yaralandı; ama belli etmeden vazifesini tamamladı.

Bu vatanperver kadın da hizmetlerinin karşılığı İstiklal Madalyası ile taltif edildi. Bir kız, bir erkek çocuk annesi olan Münevver Saime Hanım, Cumhuriyet Dönemi'nde İstanbul Lisesi'nde edebiyat öğretmenliği yaptı. 1951 yılında vefat etti."

Kurtuluş Savaşı'nda kadın karakterlerin varlığı sadece bireysel değil, aynı zamanda örgütlüydü. Örneğin Milli Mücadele'nin hazırlık günlerinde kurulan 'Asrî Kadınlar Cemiyeti' 1919 yılının başlarında özellikle üniversite öğrencileri ve ileri gelen kadınlar tarafından kurulmuştu. İzmir'in işgalinden dört gün sonra 19 Mayıs 1919'da Asrî Kadınlar Cemiyeti tarafından Fatih'te bir miting düzenlendi.

İstanbul'da işgalleri protesto için yapılan bu ilk açık hava mitinginde yaklaşık 50 bin kişi yer aldı; üniversite öğrencileri ile Asrî Kadınlar Cemiyeti üyeleri, birlikte organize olmuşlardı. İstanbul'un genç, kültürlü ve eğitimli kadınları yakalarına siyah yazılı *"İzmir Türk Kalacaktır"* rozeti ile mesaj verdiler. Bu mitingdeki konuşmasıyla iyi bir hatip olduğunu gösterdi. Milliyetçi vurguları dikkat çeken Halide Edip adeta orada büyük Sultanahmet Mitingindeki konuşmasına hazırlandı.

Sultanahmet mitingi ile hafızalara kazınacaktı. Anadolu'nun direnişine ateşleyici güç olan konuşmasında Halide Edip özellikle batı medeniyetine olan hümanist inancını da *"Milletler dostumuz, hükümetler düşmanımızdır"* ifadesiyle dile getirecek, milli mücadeleye çağrı yaparken bu mücadelenin ne için olduğuna ilişkin bütün dünyaya mesaj verecekti.

Sultanahmet Mitingi ile Devleşen Kadın, Namıdiğer Jandark

19 Mayıs Fatih, 20 Mayıs Üsküdar, 22 Mayıs Kadıköy ve son olarak da Sultanahmet mitingi, Kurtuluş mücadelesine giden yolda direnişi yaymak için çok etkili oldu. İstanbul'da 150-200 bin insanın katıldığı bu mitinglerde işgale karşı tepkiler dile getirildi. Bu tepkiler arasında Halide Edip'in Sultanahmet Mitingi'ndeki konuşması halen daha sosyal meydanlarda paylaşılan ve takdirle karşılanan bir konuşmaydı.

Aslında ortaya konan mücadelede kadınların varlığının desteklendiğini ve teşvik edildiğini anlıyoruz. Bu yönüyle Anadolu direnişinin ve Kurtuluş Savaşı'nın eşitlikçi bir mücadele anlayışı olduğunu söylemek mümkün.

Örneğin mücadelenin ana aktörü Mustafa Kemal Paşa, Samsun'a çıkmadan kırk gün kadar önce, 7 Nisan 1919 tarihinde Memleket gazetesinde başyazı olarak isimsiz bir makale yayımlamış ve *"Türk Kızı da Millî Mücadeleye Atılmalıdır"* başlıklı yazıda jandarklardan söz etmişti.

Makalede, gençlerin vatan sevgisi ve vatana karşı görevleri gibi fikirlerini paylaşan Mustafa Kemal, *"Bizim Jandarklarımız da millî hamlelerde bayrağını açıp zırhını kuşanması gerekir."* demişti. O dönemde başka isimler de kadın kahramanlar için gündeme getirilen *"Jandark"* deyimini kullanmıştı. Jandark, Yüzyıl Savaşları sırasında *(14-15. yüzyıl)* Fransa'yı işgal eden İngilizlere karşı silahını kuşanıp savaşa katılmış ve çok önemli başarılar kazanmasına rağmen, o tarihlerde skolâstik düşüncenin etkin olduğu Fransa'da, büyücü olduğu gerekçesiyle yakılmış, sonradan azize ilan edilmiş güçlü bir kadın figürü iken Osmanlı'da da kadınlara kimlik veren ve mücadele azmi aşılayan bir karakter oldu.

İşte Halide Edip'in Jandarklaşarak Kurtuluş Savaşı'nın kahramanları arasına girmesi Sultanahmet Mitingi ile oldu. Zira beğeni kadar tepki de çekti. O konuşma şöyleydi:

"Müslümanlar, Türkler,

Türk ve Müslüman bugün en kara gününü yaşıyor. Gece, karanlık bir gece... Fakat insanın hayatında sabahı olmayan gece yoktur.

Yarın bu korkunç geceyi yırtıp muşâşâ bir sabah yaratacağız. Yalnız ışık geldiği vakit gözümüzü güneşe karanlığı gören baykuşlar gibi açmayalım. Işık geldiği vakit hayatı karşılayacak, karşılayabilecek insanlar halinde bulunalım. Millet iyi ve fena günler gördü. Günah dakikaları ve şanlı dakikalar yaşadı. Fakat kardeşler, bugün ufak günahlarımızın üzerine öyle ateşin bir kan akmıştır ki bu kan bütün dünyanın günahını yıkayacak kadar temiz ve mebzuldür. O kan bizim vazifemizi tayin etti, bize bir vazife bıraktı.

Hanımlar, bugün elimizde top, tüfenk denilen alet yok, fakat ondan büyük, ondan kuvvetli bir silahımız var: Hak ve Allah var. Tüfek ve top düşer, hak ve Allah bakidir. Topun yüzüne tükürecek kadar evlatlar, analar, kalbimizde aşk ve iman, milliyet duygusu var. Biz dünyada millet sınıfına layık bir millet olduğumuzu, erkek, kadın ve çocuklarımıza kadar ispat ettik.

Bugün memleketimiz taksim tehlikesi karşısında adım adım, adeden kendi durumumuzdaki milletleri başımıza efendi yapmak istiyorlar. Bugün İzmir, yarın Konya, öbür gün İstanbul, sonra Müslüman dünyasının başı olan Türk susturulmuş olacaktır. Buna karşı ne silahımız var? Kurşun, top, bomba... Bir top bebeklerimizi öldürebilir. Bizim bundan da kavi silahlarımız var. Sesimizi mutlak dünya işitecektir. İşitmek ve işittirmek için bugün kuvvetli ve metin bir millet halinde bulunmalıyız. Bugün Türkler arasında milli davalarını halledinceye kadar nasıl kurunu vustada haftada üç gün Allah mütarekesi yapılırsa öyle Allah mütarekesi akdedilmektedir.

Arkadaşlar, Müslümanlar, Türkler,

Bugün buraya toplanan şu halk kütlesinin bir tek isteği var. O da en tabii haklarının kendisinden alınmamasıdır. İsteyeceğimiz basit, yüksek ve ulvi bir haktır. Bizim sözümüzü onlar dinlemeyebilirler, fakat bir padişahımızdan bize babalık etmesini rica ederiz. Biz erkeklerimizle beraber milletin kalbinden gelen en kuvvetli, en akıllı, en cesur, milleti en çok temsil edecek bir kabine isteriz. Padişahımıza halkın hissiyatını tebliğ eder ve deriz ki: İşte kara bir gün yaşıyoruz, bugün herkes susmuştur. Bugün Türk ve Müslüman, padişahın etrafında toplanmıştır.

Hanımlar, Efendiler,

Bugün bunun beş bini kadar bir miting de yapmış olsak bir semeresini göremeyiz. Fakat yarın var, çocuklarımız var. Buradaki Müslüman âleminin kalbidir. Siz düştüğünüz zaman birçok şeyler düşecektir. Kadınlar silahsız ve zayıf, fakat kalbi gayet metindir. Bütün âlemi İslam hep kardeşimizdir. Bundan dönen Türk kadını değildir.

Yaşasın milletimiz.

Müslümanlar, Türkler,

Müslüman ve Türk dünyası en siyah bir matemle dalgalanıyor. Bu günkü heyecan emin olunuz ki Müslüman âlemini bir dalga gibi sarsıyor... Biliniz ki küçük görünen Türkiye ve Türkler Müslüman dünyasının başıdır, kalbidir. Türklere indirilmek istenen darbe bütün Müslüman dünyasının kafasını koparmak içindir. Emin olunuz ki Harbi Umumi'de birçok Müslüman düşmanlarımızla beraber kan döktük. Galiçya'da, Çanakkale'de, Irak'ta makam-ı hilafete karşı harp ederken onlar adalet için, beşeriyet için harp ettiler, öldüler. Emin olunuz, aldandılar...

Bugün aldanmayalım. Hissedilen bir heyecan var. Bunun sürdürmek icad edilen yabancı haberlere inanmayalım. Daha dün âlemi titreten Almanya, bugün başı önünde geziyor. Kendilerinin olmayan toprakları âleme tevzi etmek isteyenler, hakkın sadası önünde eğilecekler ve hakkı teslim edeceklerdir. Dostu Venizelos'a bir hediye veren Mösyö Klemanso'nun arkasında milletlerin hak ve adalet için harp etmiş Fransız milleti vardır. Yunan parasıyla çıkan Fransız gazetelerinden bir kaçından maadası bütün bu hareketleri şayanı takbih buluyorlar. Türk milletini ve Türkiye'yi parçalamak isteyen Loyt Corc'un arkasındaki bir İngiliz milleti vardır. Klemanso, Loyt Corc'un ve bunlardan mürekkep olan dörtler meclisinin arkasından uyanacak, emin olunuz, büyük harpler vardır.

Dün İstanbul'a gelmek isteyen bir Çarlık vardı. O çarlığın yerlerinde bugün yeller esiyor. Niçin? Biz o çarlığın nefesini Çanakkale'de boğduk. Burada devrilen yalnız Çarlık değildir. Adaletsizliktir.

Bu adaletsizlik muvakkattir. Belki de bir adaletin geldiğini görmeyeceğiz. Fakat o gecikmeyecektir. Bütün adaletlerin üstünde bir adaleti ilahi vardır ki o gelecek ve bütün milletleri sarsarak üzerinden geçecektir.

Zinhar heyecanlarınızı unutmayınız. Yarın dünyanın son tarihi perdeleri oynandıktan sonra Türkler ne yaptı diye bize bakacaklardır. Milletlerin üzerinde hâkim olan adalet, Türk milleti, nihayet senin de hakkını verecektir.

Kardeşlerim, evlatlarım!

Ruhu göklerde olan ecdadımız minarelerimizden yedi yüz yılın şanlı Osmanlı tarihinin bugünkü faciasını seyrediyor. Bu tarihi, bu muazzam meydanda zafer alayları yapan kahraman ecdadımızın ruhları karşısında dünyanın bir başından bir başına at süren ona mağlup erlerin gazapları karşısında başımı kaldırıyor ve diyorum ki:

Ben Türk ve Müslüman tarihinin bedbaht bir kızıyım. Eskileri kadar kahraman fakat bedbaht yeni milletin de bedbaht bir anasıyım. Bu yeni millet namına, ulu ecdadımızın ruhları önünde başımı eğip yemin ediyorum. Bugün yolları kesilmiş Türk milletinin geçmiş günlerdeki kadar cesur bir ruhu var. Yemin ediyorum ki, göğsünü adalet ve insaniyetten alan ecdadımın ilahi namusuna hıyanet etmeyeceğiz. Allah'ıma ve hakka dayanarak Türk milletinin son yolunu size ve dünyaya ilan ediyorum.

Beni dinleyiniz: Kardeşlerim, evlatlarım;

Asırlardan beri sinsi sinsi devam eden Avrupa'nın istila siyaseti her vakit Türk toprakları üzerinde en vicdansız bir şekilde tecelli etmiştir. Ayda ve yıldızlarda zapt edilecek Müslüman ve Türk toprakları ve milletleri olduğunu haber alsa oraya istila ordusu göndermek için mutlak yol bulacak olan Avrupa'nın eline nihayet bir fırsat geçmiştir. Türk'e zalim ve günahkâr diyen, milletlerin günahı için mahkeme kuranların bu günahı o kadar çirkin ve sefil bir günah ki, lekesini engin denizlerin nihayetsiz suları yıkayamayacaktır. Avrupa'nın bu günahı karşısında sizin için bugün yegâne yükselen ses Müslüman dünyanın sesi!

Esaret boyunduruğundan zincirleri ta canına geçmiş olan Müslüman kardeşlerimiz sizin için bugün gür sesleri ile haykırıyor. Ben kardeş Müslüman dünyalarına da sizin namınıza yemin ediyorum. Davamız şudur:

Türkiye'nin mevcut olan hak ve istiklâlinin elinden alınmaması. Türkler ve Türkiye, ecdadlarına ve bayraklarına ve milletimizin ebedi ve ilahi hakkına hıyanet etmeyeceklerdir.

Ya Rabbi, hakkın ve milletlerin bir mahşeri, bir mahkeme-i kübrası hazırlanıyor. Bu mahkemeye millet ve hakkı çiğneyen zalimler gelecektir. Ve bu zalimleri en evvel kendi milletleri mahkûm edecektir. Milletlerin ruhunda her vakit ilahi bir hak ve büyüklük vardır.

Dinleyiniz! Sizin iki dostunuz var:

Bugünkü Müslüman âlemi, öteki millet hakkı için bağıracak milletler; biriniz kazandınız, ötekini bugünkü açtığınız davanın hak ve ulviyeti kazanacaktır.

Hükümetler düşmanınız, milletler dostunuz, kalbinizde isyan kuvvetinizdir.

Böyle muazzam bir günü Osmanlı tarihi, Osmanlı toprağında bir defa daha idrak edemeyecektir. Bugün size haber verdiğim milletlerin hak günü uzak değildir. O gün gelirse içimizden bugün burada bulunanlardan bazıları bu dava yolunda ölmüş olursa, onun mezarı üstüne istiklâl bayrağınızla geliniz ve o günü müjdeleyin. Şimdi yemin ediniz ve benimle tekrar ediniz:

Milletlerin ilahi hakkı ilan olunacağı güne kadar kalbimizde heyecanımız kalacak, eksilmeyecektir. Yedi yüz senenin en asil ve en büyük mirası olan vakarımızı, adalet ve terbiyemizi unutmayacağız. Yemiz ediniz!

Yedi yüz senenin tarihini ağlayan minareler altında yemin ediniz!

Bayrağımıza, ecdadımızın namusuna hıyanet etmeyeceğiz."

Günümüzde bu konuşmayla ilgili tartışmalara baktığınızda günün gerçekliğine uygun bir şekilde günün ihtiyacına yanıt vermesinin yanı sıra içinde yer alan bir cümleyle hümanizmi barındırması dikkate değer. 'Hükümetler düşmanınız, milletler dostunuz, kalbinizdeki isyan kuvvetinizdir' sözleri halen daha çok kıymetli bulunmakta...

Bu konuşmadan sonra hakkında soruşturma açılan Halide Edip, eşi Adnan Adıvar Bey ile birlikte Anadolu'ya geçerek Milli Mücadele hareketine katıldı. İstanbul Hükümeti tarafından Mustafa Kemal ile birlikte hakkında ölüm kararı verilen altı kişiden biri oldu.

Direniş Başlıyor

İzmir'in işgali Anadolu direnişine adeta direnç verdi. Sanki her şey hızlandı, artık direnişçilerin daha da acelesi vardı. İşgal harekete geçmek için insanlara net bir mesaj vermişti. Üstelik İtilaf Devletleri'nin hızlı tutumu, artık bir şeyler yapmak gerektiğini düşünenlerin de hızlı davranması gerekliliğini ortaya çıkarıyordu. Bu durumu *Lord Kindross* Atatürk Bir Milletin Yeniden Doğuşu kitabında şöyle anlatıyor:

"İngiliz Yüksek Komisyonu, işgali bir başarı olarak kabul ediyordu. Amiral de Robeck, Lord Curzon'a gönderdiği iyimserlik dolu bir raporda bunun milliyetçilere karşı öldürücü olmasa bile, ağır bir darbe olduğunu söylüyordu. Genelkurmay Başkanı Sir Henry Wilson, bu düşüncede değildi. Hatıralarında: 'Bu uzun kuyrukluların gerçeklere hiç aklı ermez,' diye yazıyordu. 'Sanırlar ki, Anadolu'da onların fermanını okuyan vardır. Biz hiçbir zaman, hatta mütarekeden sonra bile, daha içerilere sokulmayı denemedik. Gerçekten de, Anadolu'daki İngiliz işgali, şimdi boşaltılmış olan birkaç noktayla sınırlı kalmıştı. İşin aslına bakılırsa, İtilaf Devletleri, birbiri arkasından yarattıkları iki olayla -biri Yunanlıların Anadolu'ya gönderilmesi, öteki de on ay sonra İstanbul'un işgali- Anadolu'da olduğu kadar Avrupa Türkiyesinde de en geçerli fermanın, Mustafa Kemal'in fermanı olmasını sağlamışlardı."

İşte Halide Edip gibi kimi aydınların Anadolu'daki direnişe katılmasını hızlandıran da buydu. Anadolu işgaller karşısında net tavır almaya, İstanbul da işgallerin açık mesajıyla yüzleşmeye başlamıştı. Mustafa Kemal İstanbul'da fesh olan Meclis yerine Ankara'da Meclis toplanması için iki gün süren bir telgraf mesaisine başlarken, bir yandan gelen bu haberleri takip eden yurtsever aydınlar için de işgal ordusundan sıyrılarak Anadolu'ya geçmek görev addedilmişti.

Oysa o güne dek Osmanlı'nın başkenti İstanbul'da çalkantılı siyasi günler yaşanırken sağlıklı değerlendirmeler yapabilme imkânları kıttı. Zira işgalci devletlerin baskısına hükümetlerin dayanması mümkün olmuyor, hükümet değişiklikleri yaşanıyor, insanlar da bu değişiklikleri takip ederken hayli meşgul oluyorlardı. Sonuçta ne yaşanıp bittiğini anlamaya, kimin neyi savunduğunu anlayıp aktarmaya vakit harcanıyor o arada başka gelişmeler oluyordu. Tüm bu karmaşayı takip eden eli kalem tutanlar için önce İzmir ardından İstanbul'un işgali net bir mesaj vermişti.

Dolayısıyla Mart 1920'de Ali Rıza Paşa Kabinesinin istifa etmesi, yeni kabinenin 8 Mart 1920'de Salih Paşa tarafından kurulması, derken Meclis'in etkisizliği ve ardından gelen tutuklamalar. Hepsi rutinleşmiş bir gündemin parçası haline gelmişti. 15 Mart günü İtilaf Devletleri'nin baskısı artmış ve 150 kişi tutuklanmıştı ertesi gün ise resmen işgal ilan edilmişti. Bu İtilaf devletlerinin İstanbul'da aydın çevrelere verdiği net mesajdı. Ankara'dan gelen mesaj da netti.

Mustafa Kemal Paşa, telgraflarla destekçilerine işgalin protesto edilmesi gerektiğini bildirdi. İstanbul'da Anadolu'daki Milli Mücadele hareketine destek veren basın kuruluşları zor durumda kalmış, tehdit altında desteklerini sürdürmeye çalışırken, Anadolu'dan gelen bu mesajı ve direniş haberlerini yaymayı daha güç sürdürebildiler.

Bu arada Halide Edip, Sultanahmet mitinginden sonra yoğunlaşan tutuklamalar, sürgünler ve kargaşa arasında kendinin de tutuklandığına dair halk arasında haber yayıldığını öğrendi. İşgal altındaki İstanbul'da İngiliz Yüksek Komiseri Amiral Calthorp'un sağ kolu olan Kolonel H. Symthe ile komşuydu. Bu sırada ziyaretine gelen Symythe ile aralarında geçen konuşmayı şöyle anlatmıştı:

> *"Beni tevkif etmiş olduğunuzu bütün şehir söylüyor."*
> *Biraz şaşırdı ve alelacele şu kelimeleri söyledi:*
> *"Oh, we gave up this idea." (O fikirden vazgeçtik.)*
> *Acaba beni tevkife karar verip de sonra vaz mı geçmişlerdi, yoksa bu bir tehdit miydi? Ve acaba herhangi bir dakika beni tevkif edecekler miydi? Bunu kestiremiyordum.*
> *"Milli Kongrede faaliyetinizi haber aldık."*
> *"Onlar gizli değildi ki!"*
> *"Aynı zamanda Sultanahmet'teki gibi bir miting daha yaparak padişahı seçime ve Meclis'i açmaya zorlamak istiyormuşsunuz."*
> *Bu, defa ben şaşırdım. Gerçi böyle bir fikir aramızda konuşuluyor idiyse de, bunu kongrenin toplantısında söylememiştik. Böyle bir karar alırsak, bunu İngilizlere söyleyecektik ama, onlar bunu nereden haber almışlardı? Yüzümdeki şaşkınlığı anlamış olacak ki, muzafferce bir gülümsemeyle:*
> *"Buna devam ediniz. Büyük bir miting yapınız, Meclis'in iadesine karar verirseniz, İngiltere de sizi tutar ve halkın temsilcileriyle anlaşmayı padişahla anlaşmaya tercih eder."*
> *Ben: "Bakalım" dedim.*

Nihayet bize başarı diledi ve gülümseyerek ayrılırken:

"Bunu dostlarınızla konuşunuz" dedi.

Bundan kimseye bahsetmeden önce, Kolonel H. Symythe'in söyledikleri üzerinde hayli düşündüm. Acaba, bu resmi makamların ilhamı mıydı? Acaba İngiltere Doğudaki siyasetinden bahsederek, halkın hareketine mani mi olmak istiyordu? Yoksa Kolonel H. Symythe sadece benim ağzımı mı arıyordu? İçimdeki bu suallere ben cevap bulamadım. (Kolonel Symythe bir gün hatıralarını yazarsa, herhalde okuyacağım.)

Bu mülakatı dostlarıma anlattığım zaman, umumi kanaati bunlardan biri ifade etti:

"İngilizler bir şey söylediği zaman onun tamamen tersini yapmak gerek. İyi niyetli olsalarda, bu adamları Malta'ya götürürler miydi? Belki kafalı adamların daha birçoğunu birdenbire tevkif etmeye karar vermişlerdir. Benim tavsiyem böyle bir mitingde konuşmamanızdır."

Bu konuşmanın ardından kararı netleşti. Bir yandan Anadolu'ya geçme planları yaparken, bir yandan da yazmaya devam ediyordu Halide Edip. Dönemin yayın hayatında önemli bir yeri olan Büyük Mecmua'da yazıları yayınlanıyordu. İşgal yılları olmasına rağmen Büyük Mecmua'da çıkan yazılar pek de suya sabuna dokunmuyordu. Bunun nedenini mecmuanın sahibi Zekeriya Sertel şöyle açıklıyor:

"Yazarlar ilk zamanlar öyle konularla uğraşıyor ve öyle şeyler yazıyorlardı ki sanki İstanbul'un ve memleketin o

günkü cehennem hayatı onları hiç ilgilendirmiyordu. Dergiyi okuyanlar, o vakitki Türk aydınının sanki bir hayal aleminde yaşadıklarına hükmedebilirlerdi. Kinimizi, öfkemizi içimizde tutuyor, fırsat bekliyor, düşmana imkân vermemeye çalışıyorduk. Pusuda günümüzü bekliyorduk."[28]

Bu sakin durum zaten İzmir'in işgaline kadar sürdü. Bu tarihten sonra gazetede bir süredir başyazar olarak yazıları yayımlanan Halide Edip'in kalemi de daha siyasal bir hal aldı. Ancak Sultanahmet mitingi sırasında İzmir'in işgali üzerine çıkardıkları sansürsüz sayıdan sonra Zekeriya Sertel tutuklandı. Bu olay Halide Edip ile başka bir aktif kadının yollarının kesişmesine vesile oldu, Sabiha Sertel ile.

Cumhuriyet döneminin önemli gazetecileri arasında yer alan Sabiha Sertel, eşi Zekeriya Sertel ile birlikte Osmanlı'dan Cumhuriyet'e devreden Türk yayıncılık hayatının en önemli isimleriydi. Dönemin gündemini belirleyen yayıncılık anlayışlarıyla Resimli Ay, Resimli Her Şey, Projektör gibi dergilerin yanında Tan gazetesini de var ettiler.

"Haydar Bey'le tartışmanın hiçbir faydası yoktu. Damat Ferit ve adamları düşmana satılmış, aczlerinden boyun eğmiş insanlardı. Yazıları aldım, sansürün üstünü çizdiği yerleri beyaz bırakarak İzmir nüshasını çıkardık.

Dergiyi Gedikpaşa'daki evinde Halide Hanım'a götürdüğüm zaman, Haydar Bey'le geçen tartışmayı anlattım. "İyi yapmışsın" dedi. "Sansürün çıkardığı yerleri gene beyaz bırakın." Halide Hanım tamamıyla değişmişti. Artık ne padişaha yalvarıyor ne de İtilaf devletlerine sığınıyor ne de Amerikan mandasından söz açıyordu."[29]

Türk basın tarihinin önemli iki ismi ile Halide Edip'in buluşması elbette o yıllarda her iki tarafın da hayatını değiştirdi. Bu tanışıklık hem yazarlık kariyeri açısından hem de politik duruş olarak Halide Edip'i etkiledi. Örneğin Halide Edip'in anılarında Sabiha Zekeriya olarak bahsettiği Sabiha Sertel, Anadolu'ya gidişini hızlandırır:

> *"Ben, İngilizlerce büyük bir kuşkuyla karşılandığımı bilmekle beraber, bunun doğrusunu, Sabiha Zekeriya'nın bana anlattıklarından öğrendim.*
>
> *Dediki: 'Dikkat et Halide Hanım. General Miline senin çok aleyhinde.'*
>
> *'Nereden biliyorsun?'*
>
> *Anlaşıldığına göre, Sabiha Zekeriya generali görmeye gittiği zaman, orada onu bulamamış ve C. Armstrong'la görüşmüş. Armstrong, söz arasında, Sabiha'ya Halide Edip'i tanıyıp tanımadığını sorduktan sonra, generalin yanında onun adını ağzına almamasını öğütlemiş ve Sabiha da biraz şaşırmış. Ben General Miline'i hiç görmedim. Fakat inandım ve inanıyorum ki, bu düşmanlık millî mücadelede hizmet eden herhangi insana karşı onda vardı."*[30]

O dönemde Anadolu'ya geçmenin temel yolu Karakol Cemiyeti idi. Karakol, Kasım 1918 ile Mart 1920 arasında hatırı sayılır sayıdaki İttihatçı subayı -ki birçoğu aranmakta olan kişilerdi- Anadolu'ya gizlice kaçırmayı başarmıştı. Karakol ayrıca, Anadolu'da gelişmekte olan direniş hareketine İtilaf Devletleri'nin denetimi altındaki Osmanlı depolarından çalınmış büyük miktarlarda silah, erzak, gereç ve cephanelik sağlamıştı. Anadolu'ya bu şekilde 56.000 ateşleme takımı, 320 makineli tüfek, 1500 tüfek, 2000 sandık cephane ve 10.000 üniformanın kaçak gitmiş olduğu bildirilmektedir. Bu eylemlerde, eski Teşkilat-ı Mahsusa ajanlarından başka -halen Kara Kemal'in denetiminde olan- hamal ve kayıkçı esnaflarının ve Harbiye Nezareti ile telgraf idaresindeki İttihatçı memurların çok büyük rolleri oldu. Karakol, direniş hareketine, hükümet dairelerindeki kendi casusluk şebekesinden edinilmiş istihbarat da temin etmekteydi. Osmanlı bürokrasisinin Anadolu'daki milliyetçilerle olan işbirliğinin genişliğinin anlaşılması, İngilizlerin 1920'de İstanbul'u resmen işgalinin başlıca nedeni idi.[31]

Haklarında idam fermanı çıkmadan önce Dr. Adnan Bey ile İstanbul'dan ayrılışlarını Halide Edip uzun uzun anlatır. Çocuklarını önce ablasına emanet etti. Daha sonradan da evini sattı ve o parayla çocuklarını İstanbul'da Robert Kolej'e yazdırdı. Üsküdar'da bulunan Özbekler Tekkesi aracılığıyla Anadolu'ya geçtiler. Özbekler Tekkesi o dönemde Anadolu'ya geçmek isteyenlerin adresiydi.

Film sahnelerini aratmayan bir hazırlık evresinden sonra yine film sahnelerini aratmayan bir yolculukla Ankara'ya yani Anadolu mücadelesinin merkezine ulaştılar. Şunu vurgulamak gerekiyor ki, Halide Edip anılarında hiçbir ayrıntıyı atlamadan hazırlıklarını anlatırken, meçhule giden bir çifti değil, tutuklanmaktan kaçan aydınları değil, Anadolu'daki harekete katılan karı-kocayı anlatıyordu. Hatta bu özelliğinden kaynaklı olsa gerek Lord Kindross kitabında Halide Edip'i 'Daha kadınca ve gerçekçi bir görüşe sahip' diye nitelemişti ve onun 'Avrupa'da birbiriyle ne kadar uyuşmaz ve feci şekilde ayrı iki cins insanlık standardı bulunduğunu da açıkça görmeye başladığını' belirtmişti.

Hakikaten de gerçekçi ve cesur kararlar alabilen Halide Edip, belgeselci bir aktarımla yaşadıklarını yazarken de romancı üslubu ile son derece ikna ediciydi ve damıttığında bıraktığı izlenim ise korkudan çok gecikilmiş bir birlikteliğe kavuşma heyecanını yaşadıklarını yansıtıyordu.

> *"...Kıyafeti fazla değiştirmek de, hiç değiştirmemek kadar tehlikeli bir şeydir. Bundan başka da, Dr. Adnan'ın endamı, fesi, yürüyüşü çok kendine has ve halkça bilinirdi. Traş olup kadın elbisesi giymek istemiyordu. Bunu, sadece boyunun bir kadın için fazla uzun olmasından değil, gülünç vaziyete düşmemek için istemiyordu. Nihayet, onu bir hoca kıyafetine soktuk. Çünkü, o eve bitişik evde oturan bir hoca akrabası vardı. Ben, siyah gözlük takmasına itiraz ettim. Çünkü o da bir nevi maske gibi bir şeydi. Benim de kılığım kıyafetim biraz tanınmış olduğu için, Mahmure Ablamın eski biçim çarşafını giydim. Bir hoca karısı vaziyetini almak istiyordum. Hoca karılarıysa gözlerini örtmezler. Bizimkiler, etraftan beni gözlerimden tanıyacaklarından korkuyorlardı. Fakat bu da olmadı. Çünkü, Halide denilen mahluk, artık vücudu ile münasebetini kesmişti. Nihayet, Martın 18'inci perşembe günü hayatımızın büyük dramı için hazırlandık. Dr. Adnan'ın siyah cübbesi ile beyaz sarığı ona daha ince ve aristokratik bir ifade vermişti. Adeta en eski Müslümanlardan biri yeryüzüne vaaz etmek için gelmişti. Giyinmesi bittikten sonra biraz kül istedi. Niçin olduğunu anlamadık. Sonra, bunu pabuçlarının üstüne dökünce anladım. Ben de vücudumun inceliğini ablamın çarşafı ve kılığı ile değiştirmiştim..."*

19 Mart 1920 günü yola çıktılar, Yunus Nadi ile Geyve'de buluşup trenle Ankara'ya ulaştılar. Halide Edib, eşi Adnan Bey ve beraberindekilerle karşılaştıkları türlü aksilikleri bertaraf ede ede yol aldılar. Yol boyunca Anadolu insanını ve Anadolu'daki mücadeleye katılanları gözlemlediler. 2 Nisan'da yani Meclis'in açılmasına günler kala kendilerine Ankara'nın havasına bıraktılar. Ankara Meclis'in kuruluşunun yanında düzenli orduyu tartışıyordu.

19 Mart'ta Ankara'dan bir açıklama daha yapıldı ve dağıtılan Meclis-i Mebusan'ın yerine, kapatılan meclisteki milletvekillerinin ve yeni seçilenlerin katılımıyla Anadolu'da yeni ve milli bir meclisin açılacağı duyuruldu. Bu gelişmeler yeni bir siyasi krize daha yol açtı ve Salih Paşa Kabinesi de 4 Nisan 1920'de istifa etti. Damat Ferit Kabinesi ile İstanbul yola devam ederken, Anadolu hareketini destekleyenler sıkı bir denetim altına alındı. Harp Divanı kuruldu ve tutuklamalar başladı, tutuklular arasında Ankara'yı destekleyen gazeteciler de vardı.

İstanbul karışırken Ankara Meclis'in kuruluşuna hazırlanıyordu. 23 Nisan 1920'de Ankara'da Büyük Millet Meclis'i törenle açıldı. Yasama, yürütme ve yargı yetkilerini üzerinde toplayan İlk Meclis, bir ihtilal ve kurucu meclis özelliği taşıdığını ilan etti. İstanbul'un bu gelişmeye yanıtı, Damat Ferit Kabinesi'nin 4 Mayıs tarihli kararı oldu ve Mustafa Kemal Paşa ile yakın arkadaşları idama mahkûm edildi. O günlerde Halide Edip'in de ismi tutuklanacaklar arasında geçiyordu.

İstanbul'da Anadolu'nun işgale uğramasına karşı konuşma ve faaliyetleriyle tepki gösteren ve halkı işgallere karşı uyandırmaya çalışan Halide Edip, Ankara'daki varlığı ile Kurtuluş Savaşı'nı cephede izleyen bir kadın gazeteci kimliği ile öne çıktı. O günleri *"Ateşten Gömlek"*te anlattı. 1922'de Sakarya Zaferi'nden sonra yazdığı bu romanda Halide Edip'in tanıklık ettiği Kurtuluş Savaşı'nı destansı bir şekilde anlattığını görürüz. Daha önceleri Batı hayranlığından ve Avrupalılaşmadan söz eden Halide Edip'in Batı'ya mesafesini ve Anadolu halkına özel ilgisini de...

Halide Edip, *"Vurun Kahpeye"* adlı ünlü romanında ise işgalci Yunan birlikleri üzerinden Batı'yı anlatırken, yine yaşanan mücadelede taraflılığını gösterir ve adeta Batı'ya kinini yansıtır. *(Bu roman 1923'ten itibaren Akşam gazetesinde tefrika edilmiştir)* Bu romanın asıl önemi ise 'laik' niteliğiydi. Vurun Kahpeye'de din ve bağnazlık anlatılırken, Halide Edip'in Ankara'daki 'cumhuriyet' düşüncesi ve fikir akımından etkilendiğini de söyleyebiliriz.

Bu arada Halide Edip'in Ankara günlerinden söz ederken hiç durulmayan mandacılık tartışmasına da değinmek gerekiyor.

Mandacılık Tartışması

Aslında *"milliyetçi"* olarak bilinen Halide Edib, Mustafa Kemal Paşa'ya Sivas Kongresi hazırlıklarının sürdüğü sırada gönderdiği 10 Ağustos 1919 tarihli mektubuyla 'Mandacılık' ithamıyla anılır oldu. Zira mektubun içeriğinde *"Amerikan Mandacılığı"* nı savunuyordu. Mektup ve içerdiği düşünceler *"Anadolu ve Rumeli Müdafaa-i Hukuk Cemiyetleri"* adı altında tüm bölgesel cemiyetlerin birleştirildiği Sivas Kongresi'nde tartışıldı.

Koca bir imparatorluğun mensubuyken, birdenbire güçlü ve vakur haberlerin değil sürekli yenilgi haberleri ile karşılaşmak belki de özgüven sorunu yarattı. Belki de bu yüzden Osmanlı aydınları yenilmişlik duygusu ile farklı arayışlara girdi. Kimi aydınlar padişahın teslimiyetini ülkenin hayrı için doğru bulurken, kimi aydınların da başka büyük devletlerden medet umması yani mandacılık yaygın bir düşünce biçimiydi. Aydınların bir kısmı işgalcilere karşı ABD ile iş birliği yapma düşüncesindeydi. Halide Edib, Refik Halit, Ahmet Emin, Yunus Nadi gibi aydınlarla birlikte, 14 Ocak 1919'da *"Wilson Prensipleri Cemiyeti"* nin kurucuları arasında yer alarak Amerikan Mandası tezini savunanlar arasında yer aldı. Wilson Prensipleri Cemiyeti, iki ay sonra kapandı.

Halide Edip, *"Amerikan Mandası Tezini"* Sivas Kongresi hazırlıklarını sürdürürken milli mücadele önderi Mustafa Kemal Paşa'ya yazdığı 10 Ağustos 1919 tarihli bir mektupla açıkladı. Ancak bu tez Sivas Kongresi sırasında uzun uzun tartışıldı ve bir daha gündeme gelmemek üzere reddedildi.

Halide Edip üzerinden tartışma 1927 yılında Atatürk'ün Nutuk'ta konuyu gündeme getirmesi ile yeniden açıldı. Atatürk *"Nutuk"* ta bu mektubun tamamına yer verdi ve Halide Edib, *"mandacı"* olarak suçlandı, hatta bazı kesimler tarafından *"hain"* olarak değerlendirildi. Öyleki günümüzde dahi Halide Edip, hakkındaki 'mandacı' ithamı ile ve itibarsızlaştırma çabalarının verdiği hasarla anılıyor.

Oysa Cumhuriyet'in ilk yıllarında yaşanan bazı siyasi kırgınlıklar dolayısıyla eşiyle birlikte yurtdışına çıkmak zorunda kalan ve 1939 yılında tekrar Türkiye'ye geri dönen Halide Edip İngiltere'de verdiği bir röportajında manda konusunda *"Mustafa Kemal Paşa haklıymış!"* diyerek hakkını teslim edecek ve kendince konuyu kapatacaktı.

Torunu TRT'de yayınlanan Halide Edip belgesinde verdiği röportajında aslında bu konunun gereksiz yere uzadığını ima ederek, Erzurum Kongresi'nden Sivas Kongresi'ne kadar 4 aylık bir konu olan bu tartışmanın aslında orada son bulması gerektiğini söylüyor. Tarihi yorumlarken o günün koşullarının ne kadar önemli olduğunu kendime sürekli hatırlattığımdan, bu konuyu da benzer bir yaklaşımla değerlendirmek gerektiğini söylemek isterim.

Yunan ordusu İzmir'e çıktığında Anadolu'da ve İstanbul'da yarattığı etkiyi yorumlamıştık. Büyük bir hayal kırıklığı ve üzüntü... O yıkılmışlık ruh hali içinde çözüm arayanların bazılarının saptığı yol 'mandacılık' oldu. Sonuçta Halide Edip ve arkadaşları da ABD mandasını gündeme getirdi ve girişimde bulundu. Mandacılığın nasıl olacağına ya da nasıl olması gerektiğine dair bir tartışma değil bu, çünkü ortada bir ABD talebi de yok. Ayrıca işgale uğrarken, işgalden başka güçlü devletlerin desteği ile kurtulma umudu taşındığı açık. Sivas'ta tartışıldı, reddedildi, konu kapandı.

Aslında Atatürk Nutuk'ta konuyu yeniden açınca tartışma bugüne de gelecek şekilde başlamış oldu. Bana göre ülkenin kurucusu Mustafa Kemal Atatürk, kişisel bir tartışma yaratmak için değil, ülkenin içinde bulunduğu durumu anlatmak için konuyu yeniden açmıştı. Çünkü Mustafa Kemal'in Nutuk'u, Anadolu direnişi bütün yönleriyle anlatırken, direnişin insan gücünü de çok iyi yansıtan bir kaynaktı ve Mustafa Kemal'in tarihe not düşmesiydi.

Aslında mandacılık diye ifade edilen düşünceye sahip olmak başka ülkelerin varlığını ve biatını önemsemek günümüzde de tartışılan bir konu. Bana göre başka bir ülkeden medet ummak tuhaf, çünkü devletlerin varlık amacında ve doğasında başka ülkenin insanlarına yönelik bir iyilik yok. Güçlü olmak isteyen devlet zaten başka devletler ve onların mensuplarıyla mücadele etme doğasında. Dolayısıyla sadece çıkar birliktelikleri kurulabilir. Ki toprakları parçalanan bir devletten pay koparmak her halde yayılmacı devlet iddiasındaki her devletin iştahını kabartmıştır.

Şunu da vurgulamak isterim, benim bu düşüncelere sahip olmam yani herhangi bir devletin manda ve himayesine karşı çıkan tarafta yer almam doğal. Çünkü ben Anadolu direnişinin kazanıldığını biliyorum. Bizim kuşaklar için ortada başarı bilgisi mevcut yani halkın gücünü görmüş durumdayım; Anadolu örgütlenmesinin hayalperest, yetersiz ya da riskli olmadığını biliyorum. Ayrıca 'bağımsızlık karakterimdir' diyen, Cumhuriyet idealleri ile büyümüş, dünya siyasetinde dostun da düşmanın da olmayacağını, yurtta barış dünyada barış ilkesini öğrenmiş kuşaklardanım. Dolayısıyla hoşgörülü olmak gerektiğini, tarihi anlamaya çalışırken, yargılamamak gerektiğini düşünüyorum. Çünkü bizlerin bunu anlaması bence güç ve o günün koşullarında bazı aydınların çareyi farklı yerlerde araması, 'onaylanmasa' bile anlaşılabilir.

Çünkü Halide Edip'in yaşadığı dönemde herkes bir yana savrulmuş, binlerce yıllık imparatorluğun yıkımı karşısında, çaresizce çözümler aranmıştı. Birinci Dünya Savaşı gibi güçlü bir fırtınanın ardından ayakta kalma çabaları sergileniyordu. O sırada gündeme gelen bir arayışın yıllar sonra yeni bir tartışmaya dönüşmesinin nedenini dönemin siyasi atmosferine ve mücadelelerine bağlamak gerekiyor. Yoksa geride kalmış bu girişimin üzerinden çok sular akmış, Halide Edip işgal altındaki İstanbul'dan işgalcilerin kara listesinde yer alarak Anadolu'ya geçmiş, Kurtuluş Savaşı mücadesine, hatta cephede katılmış bir isim, niye hedef alınsın.

Demem o ki, kurucu lider Mustafa Kemal Atatürk bilerek ve isteyerek, onun adını da zikrederek yeniden mandacılık tartışmasını açarken, ona karşı bir hamle yapmıştı. Halide Edip ise bu kez, kuruluşunda emek verdiği Cumhuriyet'in koşullarına uyamadığı için sürgüne gitmişti.

Dönemin koşullarını biraz daha anlamaya çalışalım; Milli Mücadele başarıyla sona ermiş, yeni bir ülke kurulmuştu ve mücadele şekil değiştirmişti. Bir yandan yeni cumhuriyet gelişmiş ülkelerle yarışacak donanıma sahip olma hamleleri yönlendirilirken bir yandan da Mustafa Kemal'in otoriterleştiği tartışması başlamıştı. İstikrarlı bir yönetim için muhalefetin bir müddet desteğinin gerektiği söylenerek siyasi tartışmaların önü kesilmeye çalışılıyordu ama Trabzon milletvekili Ali Şükrü, faili meçhul bir cinayete kurban gidince ipler koptu. Meclis seçim kararı aldı.

Yeni seçime bu tartışmalarda yer alan hiçbir muhalif isim giremedi. Bunun üzerine yeni meclisin aldığı radikal reform kararlarına muhalefet eden Milli Mücadele grubu parti kurmaya karar verdi. Terakkiperver Cumhuriyet Fırkası kurulacaktı. Yeni partide Halide Edip'in eşi Dr. Adnan Adıvar da vardı.

İşte ayrılığa sebep olan buydu. Aslında Türkiye'nin ilk parti kurma macerası, Atatürk'ün Kurtuluş Savaşı'nı birlikte yürüttüğü arkadaşlarından ayrışması ve ayrılmasıydı. 1925 yılındaki Şeyh Sait isyanında Terakkiperver Cumhuriyet Fırkası'nın da rolü olduğu iddia edilerek, parti kuruluşundan sadece altı ay sonra kapatıldı.

Bir yıl kadar sonra genç Cumhuriyet'in kurucu lideri Mustafa Kemal'e suikast girişimi oldu. Bu suikast girişimiyle ülkede gerilim arttı. İstiklal Mahkemesi tarafından Halide Edip ve eşi Adnan Adıvar için tutuklama kararı çıkarıldı. Gerilimin nerelere varacağını kestiremeseler de yaklaşan tehlikeyi görmüş olacaklar ki, suikasttan bir süre önce Rauf Orbay gibi yurt dışına çıkmışlardı.

Böylece pek çok kitapta sağlık sorunları nedeniyle yurt dışına gittiği yazılsa da Halide Edip, muhalefetin tasfiyesi sırasında bir kez daha ülkesinden sürgüne gitmiş oldu. İşte bu ortamda Mustafa Kemal meclis kürsüsünde yaptığı konuşmasında bazı isimleri hainlikle suçladı ve buna da delil olarak yedi yıl önce Halide Edip'in kendisine yazdığı *"Ehven-i şer Amerikan mandasıdır"* ifadesinin geçtiği mektubu delil gösterdi. Oysaki o dönemde bu fikri tek savunan Halide Edip değildi. İsmet İnönü de aynı fikirdeydi.

Sonuçta Halide Edip ve eşi Dr. Adnan Adıvar, 14 yıl sürgünde kaldı. Avrupa'da ilk durakları Viyana oldu, sonra diyar diyar gezdiler. İçlerinde kırgınlık ve hüzün taşımışlardı muhakkak... Paris'te, Amerika'da ve hatta Hindistan'da çalışmalarını sürdürdü, konferanslar verdi, kitaplar yazdı. İngiltere'de kendisi ve arkadaşları hakkında çıkarılan 'mandacılık, cumhuriyet aleyhtarlığı ve hainlik' suçlamalarına yanıt vermek için anılarının ikinci cildini yazmaya karar verdi. Yazdıklarının Avrupa'da okunabilmesi ve Türkiye'de yayınlatma olanağı olmayacağını düşünerek İngilizce yazdı.

1960 yılında kitabı Türkçeye çevirdiğinde Mustafa Kemal'e yönelik sert eleştirileri kitabına koymadı. Sürgün yıllarında dünyanın en ünlü Türk kadını sıfatıyla Amerika'ya davet edildi ve orada Türkiye'yi anlattı. Konuşması çok ilgi uyandırdı. Davet üzerine gittiği Hindistan'da bağımsızlık mücadelesine destek verdi. *(Ayrıca bu konuya döneceğiz.)*

Cephede Bir Kadın, Halide Onbaşı

Halide Edip dendiğinde bugün ilk akla gelen pürüzlü konuların başında mandacılık geliyor. Ancak tarihsel süreç içinde empati kurduğunuzda olaylar ve yaşananlar gösteriyor ki, 1920 yılında o gün için mandacılık tartışmasını kapatmış, Anadolu'da yaşanan örgütlü mücadelenin İstanbul'daki bir parçası olarak eklemleneceği günü bekleyen o dönemki nitelemeyle 'erkek gibi bir kadın' var karşımızda. 'Erkek gibi bir kadın' nitelemesi, Halide Edip'le ilgili o günleri anlatan yazarların yazılarının adeta ortak noktası. Çünkü Halide Edip koşullara aldırmadan cepheden cepheye gezen kadınlardan biri.

1921 yılı Ağustos'unda orduya katılma isteğini Mustafa Kemal Paşa'ya telgrafla ileten Halide Edib, cephe karargâhında görevlendirildi. Ankara'ya gelen bir gazetecinin cepheye gitmesinden doğal bir şey olamazdı elbette. Ancak Ankara'ya ulaştığında Halide Edip'in birincil öncelikli işleri biraz daha farklı konular oldu. 2 Nisan 1920'de Ankara'ya ulaşmışlardı, öncelikle ilk izlenimini nasıl anlattığına yer verelim:

"...Gün kararıyor, istasyonda toplanmış olan kalabalık fark edilemiyordu. Tren istasyonda durunca, biri trene yaklaştı. Asker üniformasıyla Babıâli civarında uzaktan görmüş olduğum Mustafa Kemal Paşa olduğunu tanımak güçtü. Trenin kapısı açılınca, Mustafa Kemal Paşa yaklaştı. Bana merdivenlerden inerken yardım etti. Bu elin çevik hareketi ve kudreti, bana Mehmet Çavuşla Milli Mücadelenin yolda arkadaşlık etmiş olduğum şahsiyetlerini hatırlattı. Fakat bu kudretli el şekil itibarıyla ötekilerden bambaşkaydı. Anadoluların elleri umumiyetle kocaman, geniş ve

zalimleri gırtlağından yakalamaya kadir görünür; Mustafa Kemal'in gergin derili, uzun parmaklı beyaz eli Türkün bütün hususiyetleriyle birlikte aynı zamanda hâkim bir vasfa da sahipti..."

Ankara'da Halide Edip'in ilk adresi Keçiören'deki karargâhıydı. Meteoroloji Genel Müdürlüğü kampüsünde bulunan karargâh daha sonra okul olarak hizmet verecekti. Ancak önce Milli Mücadele'nin karargâhıydı. Halide Edip de eşiyle birlikte bu karargâhta günlerini geçiriyordu. Ankara'ya 'Milli Hareketin Kâbesi' derken işte bu karargâhta gelişen olayları takip ediyordu.

Orada ilk işi Anadolu Ajansı'nın kuruluşunda görev almak oldu. Bu konunun önceliğini Halide Edip'in anılarında Ankara'ya varır varmaz aktardığı satırlarda buluyoruz.

"...Konuşmaya, yoldaki intihalarımı sormakla başladı. Ben gerek yoldaki gerek o sabah kadınlarla konuşmamı hatırlayarak hemen Yunus Nadi Bey'le yolda konuştuğumuz ajans meselesini açtım. Ne harici dünya, ne memleketin içi milli hareketin manasını anlamamışlardı. Çünkü bu hususta haber alamıyorlardı. Bunu Yunus Nadi Bey'le Anadolu Ajansı olarak başlamayı konuştuğumuzu anlattım. Teklifimiz, bu ajans haberlerini telgrafhanesi olan her yere göndermek ve olmayan yerlere de camilere ilan halinde yapıştırmaktı. Bundan başka da, dünya efkârını anlamak için İngilizce ve Fransızca gazetelerin en mühimlerini zamanında getirtmekti. Bu gazetelerin başında, Manschester Guardian, Times ve Lloyd George'un fikrini yayımlayan Daily Chronicle vardı."[32]

Anadolu'da yaşanan direnişin dünyaya sağlıklı bir şekilde duyurulması kadar elbette kendi içinde de bilgi ağının sağlanması önemliydi. İktidar İstanbul ve işgalci devletlerdi, dolayısıyla iletişim olanakları da onların elindeydi. Oysa Anadolu'da iletişim imkânları sınırlıydı ve en iyi şekilde kullanmak gerekiyordu. Dolayısıyla bu görevi eli kalem tutan Halide Edip üstlendi. Sanki doğal ve adil bir görev paylaşımı yapılmış da Halide Edip de elinden gelebilecek en iyisini yapacağı alanda görev almıştı.

Bir yandan halk ile yapılacak konuşmalar için metinler hazırlayan Halide Edip diğer yandan hem halkın hem de dünya kamuoyunun bilgilendirilmesi için çalıştı ve bu anlamda da en büyük adım *"Anadolu Ajansı"*ydı. Anadolu Ajansı'nın kurulmasında rol alan Halide Edip bu kuruluşta görev yapan ilk gazeteciler arasındaydı.

Ankara yolunda iken Akhisar İstasyonu'nda *(Bugünkü Pamukova)* Yunus Nadi Bey ile birlikte kararlaştırdıkları gibi, *"Anadolu Ajansı"* isimli bir haber ajansının kurulması Mustafa Kemal Paşa'dan onay görünce hızla çalışmalara başladılar ve Anadolu direnişi ile ilgili sağlıklı bilgiyi yaymaya başladılar. 6 Nisan 1920'de ajans kuruldu, ismini Atatürk koydu. Anadolu Ajansı'nın kuruluşu şu bildiriyle halka duyuruldu:

> *"Kalbi İslam olan Osmanlı Saltanat Merkezi'nin düşman işgaline geçmesi ve bütün ulus ve vatanımızın en büyük tehlikeye uğramasının sonucu olarak, bütün Rumeli ve Anadolu'nun giriştiği ulusal ve kutsal savaş sırasında, halkın en doğru iç ve dış haberlerle aydınlatılması önemle göz önünde tutulmuş ve burada en yetkili kişilerden kurulu özel bir heyetin yönetiminde ve Anadolu Ajansı adı altında bir kurum kurulmuştur.*

Anadolu Ajansı'nın en hızlı araçlarla vereceği havadis ve bilgi Heyeti Temsiliye'mizden de geçeceği için Ajans tebliğleri Müdafa-i Hukuk örgütümüzce de bucak ve köylere kadar dağıtılacak ve duyurulacaktır. Bu bakımdan acele tertibat alınması ve sonucun bildirilmesi önemle rica olunur"

Anadolu Ajansı, Ankara'da resmi tebliğ yayınlamaya hızla başladı. O yıllarda ajansı birkaç kişi yönetiyordu. Muhabirleri yoktu. Aynı zamanda 23 Nisan 1920'de toplanan Meclis'in ilk görüştüğü konulardan biri haberleşmeydi ve Matbuat ve İstihbarat Umum Müdürlüğü kurulması öngörülüyordu ki bu örgütün içinde Anadolu Ajansı da vardı.

Kurulduğu günlerde Meclis toplantılarının özetleri, cephe haberlerinin yer aldığı Anadolu Ajansı resmi tebliğ bültenleri, kaptanlar ve tayfalar tarafından İstanbul'a getiriliyor, gazetelere satılıyordu. Bütün dünya Anadolu'daki direnişten bu sayede haberdar oluyordu.

Aslında Anadolu'da Milli Mücadele doğup geliştiğinde aynı zamanda Milli Mücadele basını da paralel bir şekilde oluştu. Hıfzı Topuz Türk Basın Tarihi kitabında, 'Esericedit' denilen yazı kâğıtlarına basılmış gazetelerin basıldığını, at ve öküz arabalarıyla taşınan baskı makineleri sayesinde çıkarılan gazetelerin ilden ile yayıldığını anlatırken, mürekkep, kâğıt gibi onca yokluğa rağmen bilginin taşınabildiğini ve gazetelerin yine de çıkarılabildiğini belirtiyor. Yani Kurtuluş Savaşı kahramanlıklarına, bu savaşın bilgilendirmesini yapan basın kahramanlıkları da ekleniyordu.

Aslında Türk basın tarihi gerçek anlamda bir direniş tarihiydi bu dönemde. Çünkü bu tarih İzmir'i işgal eden Yunan askerlerine ilk kurşunu sıkan Hasan Tahsin'le başlayan bir kahramanlık destanını barındırıyordu. İzmir'de Hukuk-u Beşer gazetesi başyazarı Osman Nevres yani takma adıyla Hasan Tahsin ölümü pahasına Anadolu'nun direnişinin ilk kurşununu sıkmıştı, ardından gelecek onlarca isimli isimsiz kahramanlığı başlatırcasına.

Mustafa Kemal, Ankara'ya ulaşır ulaşmaz bir gazete çıkarılması konusunda girişimlerde bulunulmasını istedi ve görevlendirilen yedek subay Recep Zühtü ilginç bir yöntemi devreye soktu. Ankara'da bulunan tek matbaa valiliğe aitti. O da valiliğin matbaasından yararlandı; Hâkimiyet-i Milliye gazetesini basmaya başladı. Gazete ilk baskısını 10 Ocak 1920'de yaptı, hıza bakar mısınız? Atatürk'ün Ankara'ya gelişinin üzerinden on gün geçtiğinde Ankara'nın ilk gazetesi de yayındaydı. Ancak şunu vurgulayalım, bu gazete Anadolu direnişinin yani Ankara yönetiminin resmi yayın organı durumundaydı. Gazetenin hedefi 'milletin iradesini hâkim kılmak' olarak açıklanırken, bağımsızlık yanlısı emperyalizm karşıtı yazılara yer veriliyordu.[33]

Bu dönemde çıkan gazetelerdeki tartışmaların dönemin ruhuna uygun kimi zaman mandacılık kimi zaman sosyalizm tartışmaları olduğunu ve yaklaşan yeni devlet-cumhuriyet fikrinin de yavaş yavaş gündeme geldiğini vurguladıktan sonra Halide Edip'e geri dönecek olursak, hem Ankara'nın sesi olan Hâkimiyet-i Milliye hem de diğer gazetelerde hem Ankara'da o günlerde yaşananların dünyaya duyurulmasında hem de Mustafa Kemal'in ihtiyaç duyduğu yazılarda hep onu başrolde görüyoruz. Hatta telgraf olmayan yerlerde cami avlularına afiş olarak yapıştırılan duyuruların arkasında da onu görüyoruz.

O günlerde Halide Edib'in yazışmalar, çevirmenlik ve çeşitli büro faaliyetlerinin yanında bir yandan silah kullanmayı ve ata binmeyi öğrendiği de belirtiliyor. O ilk günler için yine onun anlatışına dönecek olursak 'Adeta bir manastır hayatının içinde yaşıyorduk, diyerek o günleri anlatan Halide Edip o günlerde orada bulunan herkes için aciliyeti olan kamusal konuların öncelik taşıdığı ve özel yaşamın da buna göre şekillendiğini ortaya koyuyordu.

O günlere dair aktarılan anılarda özellikle dikkatimi çeken ve imrendiğim bir yeniden başlama havası var. Hani hep derler ya, 'önce çukurun dibini görmek gerek' diye. İşte sanki çukurun dibinde yaşamak zorunda kaldıklarından olsa gerek, onca donanımlı insanın tek noktası çıkışı düşünmek ve uygulamak oluyor ve bunu hızla yapıyorlar. Çatlak sesler yok mu, elbette var ama 'göç yolda düzülürken' öylesine güçlü hamleler var ki, belki de o hamlenin sahiplerini de aşıp yüzyıllara denk gelen bir vizyonla ülkenin önünü açıyor. Elbetteki burada ana karakter Mustafa Kemal'in hem örgütlenme ve örgütleme hem de geçmiş-gelecek bilgisini hünerle kullanma becerisi temel etmen oluyor.

Şimdi o günlere Lord Kindross'un kitabıyla dönelim. Henüz Meclis kurulmamış, Kurtuluş Savaşı da henüz kazanılmamıştı ama yeni bir devletin kuruluşuna doğru yol alınılıyordu:

> *"...Yemekten sonra karargâhta ciddi akşam çalışmaları başlardı. Büyük orta salona geçerler, orada bazen sabahın beşine kadar, karşılaştıkları çeşitli sorunlar üzerinde konuşup çalışırlardı. Sorunların en önemlisi, ilerideki hükümete ne şekil verileceğiydi.*
>
> *Mustafa Kemal'le bir avuç arkadaşı, Türkiye'nin tarihinin bir dönüm noktasına gelmiş olduğunu biliyorlardı. 'Hakikat, Osmanlı Saltanatının ve Hilafetin yıkılmış ve yok olmuş olduğunu düşerek, yeni temellere dayanan, yeni bir devlet kurmaktan ibarettir'. Ne var ki, burada da Erzurum ve Sivas'ta olduğu gibi, bu amacı*

açıkça ortaya atabilmek güç bir şeydi. Konuşmalar sırasında bir kere Yunus Nadi Bey, asıl görevlerinin Anadolu'da yeni bir devlet kurmak olduğunu söyleyecek olmuş, ama bu çevrede öyle bir şaşkınlık yaratmıştı ki, Mustafa, hazır bulunanların sadece yeni Meclisin niteliği üzerinde düşünceleri sorulduğunu belirtmişti...'

Tartışmalar uzayıp giderken aslında ne kadar eğitimli olursa olsun birçok kişinin 'öğrenilmişliklerin' etkisi altında olduğu görülüyor yani Osmanlı statükosunun devamını sağlamak isteyenler, ona bağlılık ve bağımlılık sergileyenler çoğunluktaydı. Mustafa Kemal ve birkaç arkadaşı dışında herkes o günlerin geçici olduğunu hatta Meclis'in Ankara'da toplanmasının bile geçici bir durum olduğunu düşünüyordu. Halide Edip de tartışmaların içindeydi.

"...Halide Edip'e göre Mustafa Kemal, 'deniz fenerlerini hatırlatıyordu. Işık saçtığı zaman göz kamaştıracak kadar parlak, fakat ışık söndüğü zaman bir şey görmek ihtimali yok'tu... Şimdi orjinal bir düşünce gibi ısrarla ileri sürdüğü hükümet şeklinin arkasında da böyle karışık bir düşünce vardı. Halide Edip'le ötekiler bunun bir çeşit Convertion şekline benzetiyorlardı. Bu, sosyal ve ekonomik yönlerden ayrı olmakla birlikte, siyasi anlamda, Sovyet sistemini andıran, biraz gevşek ve belirsiz bir şeydi. Millet Meclisi, kabine üyelerini teker teker seçecek kadar geniş bir yasama ve yürütme yetkisini elinde bulunduracaktı. Vekiller, hükümetin kollektif sorumluluğundan çok, birer Halk komiseri gibi, Meclisin kararlarını yürütmek kendi adlarına

sorumlu olacaklardı. Meclis Başkanı da kişisel sorumluluk yüklenmeyecekti. Mustafa Kemal, geceler boyu bu düşüncelerini, dinleyenleri bitkin düşürünceye kadar anlatıp duruyordu..."[34]

O günlerde yani henüz Meclis kurulmamış, henüz cumhuriyet ilan edilmemişken topraklarını işgalden kurtarmak üzere savaşa hazırlanan kadroların, zaferden sonrası için yaptıkları planlarda çağın ruhuna uygun demokratik arayışları onların dünyayı kavrayış olarak bugünün siyasetçilerinden bile ilerde olduklarını göstermiyor mu? 1920'lerde o karargâhta yapılan akşam tartışmalarında konunun 'Hâkimiyet milletindir'e bağlanması, halk demokrasisinde karar kılınması ve ardından da Büyük Millet Meclisi'nin açılması Anadolu direnişinin ilerici yönünü ortaya koyuyor. Yani aslında padişah ve halife, saltanat gibi konulara dair kararları mücadele sonrasına bırakan kurucular, Büyük Millet Meclisi ile gelecekteki cumhuriyetin temellerini atmış oluyordu.

"...Meclis 23 Nisan 1920'de açılacaktı. Bu nutku, odasında, Hakkı Behiç'le bana baştanbaşa okudu. Her ne olursa olsun, Mustafa Kemal Paşa'nın kudreti milletin eline bırakmak istediği, herhangi bir diktatör veya sultan istemediği görünüyordu. Bana o günlerde Mustafa Kemal Paşa George Washington gibi bir kimse görünüyordu."

O aralık, Ankara'ya Chicago Tribune'ün muhabiri William adında biri gelmişti. Bizim resimlerimizi aldı. Bunlar muhtelif Amerikan gazetelerinde basıldı.

Aynı gün öğleden soma, İstanbul'dan Saffet Bey isminde ve Anadolu'ya silah kaçıran bir adam geldi, beni görmek istedi. Dedi ki:

"Size büyük bir haberim var. Türk tarihinde tek mevki işgal eden bir kadın oldunuz." Aynı zamanda İstanbul'da Nakiye Hanım'ı görüp ailemden de haber getirdi. Elime uzattığı Peyamı Sabah gazetesinde Kürt Mustafa Paşa mahkemesinin verdiği idam ilamı ile fetva vardı. İdama mahkûm olan yedi kişi arasında sıra ile Mustafa Kemal Paşa, Bekir Sami Bey, Dr. Adnan, Ali Fuat, Ahmet Rüstem, Kara Vasıf ve Halide Edib vardı.

Halide Edib namına uzunca bir bahis geçiyor, İstanbul Üniversitesi'nde Batı edebiyatı profesörü olan bu hatunun bütün kötülükleri sayıp dökülüyordu. Fetvada herhangimizi öldürmenin bütün Müslümanların dini bir vazifesi olduğu yazılıydı. Aynı zamanda, İstanbul'da evimin hükümet tarafından işgal edildiğini, başımızı getirene mükâfat verileceğini de yazıyordu.

Ziraat Mektebi'nde direnişçilerden yedisinin Padişah tarafından kurulan özel bir mahkeme tarafından ölüme mahkûm edildikleri haberini getiren kişi, İstanbul'dan Anadolu'ya silah kaçıran ve haber taşıyan emekli bir askerdi. Ve haberi verdikten sonra Halide Edip'in elini öperken Türk tarihinde bu şerefi kazanan ilk Türk kadını olduğunu vurgulamıştı. Gelen haberin yarattığı etki, o akşam karanlığını daha da karartması oldu. Halide Edip, kocasına alaylı bir tonla bu şeref hakkında ne düşündüğünü sordu. Mustafa Kemal, Adnan Adıvar'a dönüp, 'Bizi mahkûm edenlerin hiçbir siyasi kıymeti yok, idama mahkûm olmak hoşuma gitmedi. Sen ne düşünüyorsun', dedi. Adnan Bey de 'Benim de hoşuma gitmedi' dedi.

Büyük Millet Meclisi'nin karşı hamle olarak Damat Ferit'i ölüm cezasına çarptırması ve ardından da Ankara'daki büyük din adamlarının fetvasıyla bu kararın onaylanması Ankara ile İstanbul arasındaki ayrımı gözler önüne serdi. Artık Büyük Millet

Meclisi bundan sonra işgale uğramış ve bölünmüş ülkeyi temsil edecekti. Hem işgalcilerle savaşacak hem de ülkeyi yönetecekti.

Bu arada 10 Ağustos 1920'de Sevr imzalandı. Ankara'daki Büyük Millet Meclisi, 19 Ağustos 1920 tarihli toplantısında Sevr Antlaşması'nı imzalayanları ve bu antlaşmayı onaylayan Şura-yı Saltanat'ta bulunanları *"vatan haini"* ilan ederek, antlaşmanın geçersiz olduğunu açıkladı.

Halide Edip, ağır Yunan taarruzu karşısında Gediz civarındaki düzensiz Kuva-yı Milliye birlikleri tutunamaması ve Balıkesir, Uşak, Bursa gibi illerin işgal edilmesi üzerine sona gelinen bir tartışmanın ortasında buldu kendini. Artık düzenli ordunun kurulması gerekmekteydi. Batı'da mücadele hızlanırken, Doğu'da Ermenilerle Gümrü Antlaşması imzalanınca, Doğu Cephesi'ndeki birliklerin bir kısmı Batı Cephesi'ne sevk edildi. İşte bu arada cephe için gönüllü olan Halide Edip'e de görevlendirme telgrafı geldi:

> *"Halide Edib Hanımefendi Hazretlerine*
>
> *İvedidir*
>
> *Garp cephesi Ordu safları arasında vatanımızın müdafaasına fiilen iştirak için şiddetli istekle vuku bulan müraccat-ı vatanperveraneleri orduca memnuniyetle telâkki olundu. Hizmeti fiiliye-i askeriyyeye kabul ve Garp cephesine memur edildiğinizi tebliğ ederim. Keyfiyet cephe kumandanlığına da bildirildi. İlk vasıta ile cephe karargâhına müracaat ve oradan görevinizi öğrenmeniz rica olunur.*
>
> *Fi 18/8/37*
>
> *Başkumandan*
>
> *Mustafa Kemal"*

Halide Onbaşı

Kurtuluş Savaşı sırasında askeri üniforma giyen Halide Edib'e 1920 yılında önce *"onbaşı"*, daha sonra *"üstçavuş"* rütbesi verildi. Yunan ordusunun yaklaştığı haber alınınca Sakarya Cephesi'nde görevlendirildi. Sakarya Savaşı sırasında onbaşılık rütbesine yükseltildi. Karargâhta ve cephede pek çok görev alan Halide Edib, bu süre içinde at üstünde yıkıntılar etrafında dolaşarak ayrıntılı notlar aldı. Bilhassa kadınların kendisine anlattıklarını, *"Hiçbir Katolik papaz, insanın içindeki ebedi ve vahşi hayvan hakkında bu kadar samimi itiraflar dinlememiştir"* şeklinde değerlendirdi.

Sivil olmasına rağmen rütbe alarak bir savaş kahramanı sayıldı. Anlaşılan o ki, Halide Edip'in asker kimliği, silahlı çatışmaya katılması için değil cepheyi anlatması içindi. Zaten cepheyi gözleriyle gördü ve anlattı ama silah kullanmasını dahi bilmiyordu, kendini koruyabilmesi için silah kullanmayı öğrendi.

> *"...Mücadele kuvvetlerinin tek güçlü olduğu yer, bu ara, Mudurnu idi. Orada, Bolu'dan gelen hücumlara Binbaşı Nâzım idaresindeki kuvvet karşı koyuyordu. Binbaşı Nâzım'a Selanik'ten eski İttihatçı Binbaşı İbrahim de katılmışıtı. Çok vatansever ve alçakgönüllü bir adama benziyordu. Mudurnu köylülerini bizim lehimize çevirmeye muvaffak olabilmişti. İşte, tek ümit noktamız buydu. Ama, taarruzlar dinmedi, Bolu ile Ankara arasındaki köyler birer birer ayaklanmaya başladılar. Bunlar, hep öldüren, yakan ve savaşan küçük güruhlardan ibaretti.*
>
> *Bir sabah, kendimi hasta hissettiğimden, Karargâhtan erken ayrıldım. Dr. Adnan geldiği zaman dedi ki: "En tehlikeli geceyi geçirdik. Hemen bütün teller*

kesildi. Yakından silah sesleri geliyordu. Ortalıkta bir panik havası var."

O günlerde, karargâhın etrafına bir sürü at getirildiğini gördüm. Bunların ne için olduğunu sorduğum zaman, "Belki Ankara'yı terk etmek ve Sivas'a gitmek zorunda kalırız. Senin için bir araba hazırlatıyoruz" dediler. Ben, araba istemediğimi ve gitmeyeceğimi söyledim. Ama, bu, sırf cesaretten ibaret değildi. Bütün vaziyeti düşünmüştüm. Eğer yüzde bir şansımız varsa, o da Ankara'daydı. Orada kalmakla sadece ölümden kurtulabilirdik.

O akşam, Dr. Adnan, Mustafa Kemal Paşa'nın kendisine beni araba ile göndermek teklifinde bulunduğunu söyledi. Ben: "Halk tarafından parçalanmaktansa, zehir alır ölürüm" dedim. Dr. Adnan, üstünde, bugünlerde, daima kuvvetli bir zehir taşıyordu. Yine o günlerde kardeşimden aldığım bir mektuptan, oğullarımın ekim ayında Amerika'ya gitmelerinin temin edildiğini öğrendim. Biraz memnun oldum.

Bir sabah karargâhtan çıkarken, Binbaşı Şükrü Bey'le, Mülâzım Bekir'i gördüm. Odama geldiler. Onlar İzmit'ten gelip bize katılmışlardı. Binbaşı Şükrü, tabancam olup olmadığım sordu. Ben, tabancanın sesine bile tahammül edemeyeceğimi ve o günlerde kurşun bulmanın mümkün olmadığını, yalnız, karargâhtan bir mavzer edinebileceğimi, fakat onun da yerinden kaldırılması güç olduğunu söyledim. Binbaşı Şükrü güldü, cebinden bir Parabellum çıkararak uzattı ve o günden itibaren çiftliğin arkasında silah sesine alışmam için atış talimleri yapmamı söyledi.19

Birinci İnönü Zaferi'nden sonra savaşın en hararetli günlerinde Ankara'daki Hilal-i Ahmer *(Kızılay)* şubesi tarafından cepheye gönderilen Halide Edip'in Hilal-i Ahmer Hastanesi'nde hastabakıcılık yaptığını, burada yaralılara ve yoksul askerlere ilişkin gördüklerini ve bu sırada yaşadıklarını romanlarına yansıttığını da belirtelim.

"*...Ertesi gün, ilk Türk saldırısı olacaktı. Önce, üç paşa arabayla geçtiler. Bizler de, kırk kişi kadar, beyaz, kara ve doru atların üstünde onları izledik. Tabiî, benim Doru'yu geçebilecek at olmadığı için, o hep önde gidiyordu. Buğday tarlalarındaki olgun başaklar rüzgârda sallanıyordu. O gün erlerin yalnız savaştan dolayı duydukları heyecanın niteliğini sezer gibi oldum. Bir Tatar köyünün önüne gelince attan indik. Bir tepeyi tırmandık. Dar bir boğazda Elli Üçüncü Tümen vardı. Bu, Üçüncü Kolordunun bir parçasıydı. On Beşinci ve Yirmi Üçüncü tümenler hücuma geçmişlerdi. Hepsi dev arılar gibi vızıldayan Yunan uçaklarının altında. Bu tepenin önünde geniş bir vadi, etrafından Polatlı ve Katırlı bulunuyordu. Hava toz ve duman içinde. Subaylardan biri: 'Bu manzara gece çok güzeldir' diyor. Biz ilerlerken, Ali Çavuş yanıma geliyor ve diyor ki: 'Sol üzengiye ayağını geçirmemişsin. Paşa gönderdi, düzelteyim diye.'*

Âli'nin öbür yanındaki bir siperde Mustafa Kemal Paşa'nın gülerek bize baktığını gördüm. Seslendi: 'Gelin, Hanımefendi, savaşıyoruz.' Yüzü, en çok sevdiği oyunu oynayan bir çocuk gibi, gülüyordu. Bana Üçüncü Kolordu-Komutanı Kâzım Paşa'yı tanıttı. Arkasında bir kürk, elinde bir telefon, karşıdaki tepelerle konuşan bir adam. Mustafa Kemal Paşa: 'Duatepe'ye hücum ediyoruz' dedi.

Ondan sonra, öteki siperleri de dolaştım. Top ve makineli-tüfek sesleri hiç ara vermiyor. Elimdeki dürbünle savaş oyununu seyrediyorum. Bunun sonucunun hastanelerde ne biçim aldığını unutmuş gibiydim. Evet, insanlar birbirine giriyor. Nihayet süngü savaşları. Âdeta kocaman karıncaların yuvaları etrafında kavga etmeleri gibiydi. Yanımdaki: 'Şu sivri, piramide benzeyen tepeyi görüyor musunuz? O Karadağ'dır. Onun arkasından bakarsanız, Yunan çekilişini görürsünüz' dedi. Baktım. Güneşli göğün altında, siyah bir toz bulutu arasında kapkara bir insan sürüsü gidiyor. Dedi ki: 'Yunanlılar yüreklice dövüşüyorlar. Kuvvetlerinin çekilişini kapatmak için topçuları kendilerini feda ediyor.'

Polatlı geri alındığında Milli Mücadele yanlısı gazeteciler zaferi coşkuyla kaleme aldılar. Bu arada Yunanlılar çekilirken köyleri yakıp yıkıyordu. İsmet Paşa, Halide Edip'e bu vahşiliği de gözlemleyip yazmasını rica etti. Halide Edip bu ricayı 'abartma ve yalan katmadan, Yunanlıların o bölgede yapmış oldukları zulümleri incelemek' diye nitelemişti. Bu görevi üstlenmenin ardından köy köy gezdi. Gördüklerini yazdı, Yunanlıların aklını kaçırmış insanlar gibi davrandığını ifade etti. Anılarında yer alan şu sözleri de o günler için tarihe not düşülmüş önemli aktarımlardı:

"Teğmenden ve gelenlerden işittiğime göre, Yunanlıların Anadolu kadınlarına tutumları, bütün vahşet ölçüsünü aşmış gibiydi. O zaman benim şefim olan Binbaşı Tahsin Bey'e (aile babası ve çok ahlâk sahibi bir

adamdı) Yunanlılarca kirletilmiş kadınların isimlerini raporlara geçirmememizi teklif ettim. Kabul etti. Ne kadar zaman kül olmuş köy evlerinin yıkıntıları üzerinde oturarak itiraflar dinledim! Hiçbir katolik papazı, insanın içindeki ebedî ve vahşî hayvan hakkında bu kadar içten itiraflar dinlememiştir."

Bu arada Anadolu ihtilali adına bir dönüm noktası olan Sakarya Zaferi'nden sonra Türkler için henüz Milli Mücadele sona ermemiş olsa da, artık Batılı ülkeler tarafından Türk tarafına Sevr Antlaşması'nın dayatılamayacağı da ortaya çıkmıştı. Sakarya Zaferi, kısa sürede uluslararası arenada da etkisini gösterdi. Ankara Hükümeti ile Fransızlar arasında 20 Ekim 1921'de Ankara Antlaşması imzalandı. Artık bu antlaşma ile taraflar arasındaki savaş durumu sona erdi ve Fransa, Ankara Hükümeti'ni tanıdı. Bu arada 13 Ekim 1921 tarihinde Sovyet Rusya ile imzalanan Kars Antlaşması ile de daha önce imzalanan Moskova Antlaşması'nın esasları kabul edilmiş oldu. Bir yıl kadar askeri konular öncelikli gündemden düştü, Büyük Taarruz için hazırlıklar yapılırken, yeni devletin temellerinin atılması için de hazırlık yapıldığı anlaşıldı.

Ayrıca burada bir yanılgıyı düzeltmek daha doğrusu çok üzerinde durulmayan bir gerçeği vurgulamak istiyorum. Anadolu topraklarında çatışma yoğun günlerde Mustafa Kemal Paşa tarafından Garp Cephesi'ne yönlendirilen Halide Edip, bir kadın olarak cephede yalnız değildi. Savaşı bizzat cephede izleyen Halide Edip savaşa katılan ve cephe gerisinde çalışan bir çok kadından sadece biriydi.

Öncelikle o günlerde cephede savaşan kadınlar arasında kayıtlara geçen isimler şöyle: Erzurumlu Nene Hatun, Kara Fatma *(Fatma Seher Erden)*, Münevver Saime Hanım *(Asker Saime)*,

Kastamonu Seydilerli Şerife Bacı, Kastamonulu Halime Çavuş, Nezahet Onbaşı, Kastamonulu Hafız Selman İzbeli, Gördesli Makbule Hanım, Aydınlı Çete Emir Ayşe, Binbaşı Ayşe Hanım, İzmirli Ayşe Hanım, Vanlı Süreyya Sülün Hanım, Adanalı Kılavuz Hatice *(Hatice Hatun)*, Nazife Kadın, Domaniçli Habibe, Satı Çırpan, Antepli Yirik Fatma, Naciye Hanım, Faika Hakkı, Osmaniyeli Tayyar Rahmiye, Tarsuslu Kara Fatma *(Adile Onbaşı)*, Binbaşı Emire Ayşe, Bilecikli Ayşe Çavuş, Maraşlı Senem Ayşe, Bitlis Defterdarı'nın Hanımı, Samsun Dağköylü Fatma Çavuş...

Ayrıca Anadolu'da Milli Mücadele örgütlendiğinde İstanbul'dan Anadolu'ya geçerek bu mücadeleye katılan elli dolayında örgütten onaltısı kadın örgütleriydi.[35] İstanbullu pek çok kadın savaş başladığında Anadolu'ya geçti. Var olan örgütlere katılmanın yanında yeni kadın örgütleri kurdular ve savaşa bilfiil katıldılar. Kimi direkt cephede, kimi de cephe gerisinde görev yaptı.

Kurtuluş Savaşı ile ilgili görüntü arşivlerinde kadınların mermi yaparken, cepheye mühimmat taşırken ve hatta çatışırken görüntüleri mevcut. Ayrıca Fazıl Hüsnü Dağlarca'nın Elif'in Kağnısı şiiri ile Kurtuluş Savaşı'ndaki kadınları tarif ederken belki eksik bir algı oluşmuş olabilir; toprağı işgal edilmiş Anadolu'nun köylü kadınları değildi sadece mücadele eden. İstanbul'dan Anadolu'ya geçen ve kadın hareketinin içinde yer alan eğitimli kadınların savaştaki varlığının altını özellikle çizmek gerekiyor.

Bu şu demek, Osmanlı'nın eğitimli kadınları Anadolu'da başlayan mücadeleyi kendi özgürlük mücadelelerinden ayırmadılar ve mücadelelerinin cumhuriyetle eşit yurttaşlıkla sonuçlandığını da düşünmediler. Gerçi zaman içinde sustular hatta susturuldular örneğin parti kurmak istediler ve engellendiler ama Medeni Kanun, seçme seçilme hakkı gibi kazanımlar verilen mücadelenin sonucunda alınan önemli adımlardı.

Cumhuriyet İlan ediliyor

Sakarya Zaferi'nden sonra neredeyse bir yıl kadar taraflar arasında bir çatışma olmadı. Bu dönem ordu silah, asker ve mühimmat bakımından toparlanmaya çalışırken Büyük Millet Meclisi de Büyük Taarruz'a hazırlandı. Bir yandan da gelecekte nasıl bir devlet yönetimi sorusu kimi çevrelerde fısıldanıyor ve yanıtları hararetli tartışmalara konu oluyordu.

Türkiye Cumhuriyeti'nin kuruluşuna giden süreçte Halide Edib'in cephedeki varlığını gözlemleme ve yazma şeklinde özetlerken, Anadolu Ajansın muhabiri, yazarı, yöneticisi yeri geldiğinde ayak işlerine bakan bir ferdi olarak büyük bir gayret ve azimle çalıştığını not düşelim. Haber derleyip Milli Mücadele'ye ilişkin kritik bilgileri telgraf haberleşmesi olan yerlere ileten Halide Edip, telgraf olmayan yerlerde duyuruların cami avlularına afiş olarak yapıştırılmalarını sağlar, Avrupa basınını da takip ederek batılı gazetecilerle iletişim kurar, Milli Mücadele lideri Mustafa Kemal ile yabancı gazeteciler arasında görüşmeler ayarlar ve bu görüşmelerde tercümanlık da yapar. Ayrıca Yunus Nadi'nin çıkardığı Hâkimiyet-i Milliye gazetesine yardımcı olur. İstanbul'un Ankara'daki mücadele hakkında sağlıklı bilgi edinebilmesi için çaba sarf eden Halide Edip, hatipliğini de sürdürür.

İşgali bitirecek büyük hücumun ne zaman başlayacağını herkes merakla bekliyordu. Sonunda beklenen gün geldi ve hazırlıklarını tamamlayan ordu, 26 Ağustos 1922'de harekâta geçti. 30 Ağustos'ta bizzat Mustafa Kemal'in komuta ettiği taarruzla Yunan kuvvetleri İzmir'e doğru büyük bir kaçışa geçti. 9 Eylül 1922'de İzmir'i ve 11 Eylül'de de Bursa'yı düşman işgalinden kurtardı. Balkan Savaşları'ndan sonra yaşanan acı kayıplar karşısında âdeta travma yaşayan, İzmir'in işgaliyle ikinci bir darbe yaşayan pek çok kişinin artık imkânsız olduğunu düşündüğü bir rüya gerçekleşmiş ve İzmir işgalcilerden kurtarılmıştı.

Bu sırada bilgi yine çok kıymetli hale geldi. Cephede yaşananlar hakkında yeterli bilgi alamayan Milli Mücadele yanlısı İstanbul basını büyük bir merak ve heyecan içindeydi. Anadolu'dan gelen haberler dikkatle takip ediliyordu. Halide Edip de savaş boyunca çeşitli cepheleri dolaşan, Mehmetçiklere moral ve destek verenler arasında yer aldı, İzmir'e kadar gitti. Yunan ordusunun sebep olduğu vahşeti gözleriyle gördü ve anlattı. Yunan birlikleri tarafından yakılan İzmir'in bir alev topuna dönmesi karşısında da çok sarsıldı. İzmir halkının alevlerden kurtulmak için tek çare olarak rıhtıma doğru çekildiğini gözlemlerken büyük üzüntü yaşadı.

İzmir'de birkaç gün kaldıktan sonra Bursa üzerinden Ankara'ya dönen Halide Edib, savaşta gösterdiği yararlılıklarından ötürü *"İstiklal Madalyası"* ile ödüllendirildi. Böylece onbaşı ve üstçavuş rütbelerine bir de madalya eklendi.

Halide Edip, Falih Rıfkı, Yakup Kadri ile birlikte Yunanlıların işgal yıllarında ve geri çekilirken Batı Anadolu bölgesinde yaptıkları tahribatları yerinde gözlemlemek ve halka verdikleri zararları incelemek amacıyla kurulan *"Tetkik-i Mezâlim Komisyonu"*nda görev yaptı. Komisyonun inceleme ve değerlendirmeleri sonradan bir kitapta toplanarak yayınlandı. Kütahya, Simav, Gediz, Eskişehir ve Sakarya civarını dolaşmıştı.

Halide Edib bu incelemeleri sırasında Yakup Kadri'ye *"Bu güzellikleri acaba kim terennüm edebilecek?"* diye sormuş, Yakup Kadri şöyle düşündüğünü ifade etmişti: *"İçimden hangi güzellik demiştim. Etraf çıplak, kurak, gölgesiz, renksizdi, köy bir taş ve toprak yığını idi, havada pislik ve ufunet kokuyordu. Rast geldiğimiz insanlar, kadın, erkek çoluk çocuk çirkin, pis ve pejmürde idi."*

Bir asker gibi rütbelendirilen ve görevlendirilen Halide Edib, sonuçta bir gazeteci de olmanın ötesinde roman yazarıydı ve raporların yanı sıra gördüklerini romanlarında da anlattı. İşte *"Vurun Kahpeye"* adlı romanının konusu bu dönemde oluştu. *"Türk'ün Ateşle İmtihanı"* adlı anıları ile *"Ateşten Gömlek"*, *"Kalp Ağrısı"* ve *"Zeyno'nun Oğlu"* adlı romanlarında Kurtuluş Savaşı'nın değişik yönlerini gerçekçi biçimde dile getirebilmesini savaştaki deneyimlerine borçluydu.

Savaş bitmiş artık 'sulh' için diplomasi yolları arşınlanıyordu; Mudanya Ateşkesi ve ardından Lozan... Ankara hükümeti ateşkesin ve ardından gelen Lozan'ın hazırlıklarını yaparken, Mudanya'da görüşmeleri sırasında Yakup Kadri ve Falih Rıfkı, Mustafa Kemal tarafından görevlendirilen milletvekillerinin kurdukları Müdafaa-i Hukuk Cemiyeti'ne üye oldu. Yazılarıyla yeni iktidarın halk tarafından tanınması ve iktidar ile halk arasındaki ilişkinin sağlanması için çaba sarf ettiler...

İstanbul sevinçle alındığında Lozan'da iki başlılık olmasın diye Saltanat kaldırılmış, Vahdettin İstanbul'u terk etmiş, yeni devletin işareti verilmişti. O işaret ocak ayında iyice netleşti. Lozan Konferansı'nın görüşmeleri sürerken Batı Anadolu gezisine başlayan Mustafa Kemal, gezinin sonunda 17 Ocak 1923'te İzmit'te, İstanbul basınının önde gelen gazetecileriyle bir toplantı yaptı. Toplantıya Tevhid-i Efkâr'dan Velid Ebuzziya, Vakit'ten Ahmet Emin, Akşam'dan Falih Rıfkı, İleri gazetesinden Suphi Nuri, İkdam'dan Yakup Kadri ve Tanin'den İsmail Müştak gibi basın mensupları katıldı. Burada gazetecilere o günkü iç ve dış meseleler, hâlihazırdaki durum, gelecekte yapılması planlanan hususlar hakkında bilgi verildi ve gazetecilerin soruları yanıtlandı. İşte bu sırada *"Anadolu ve Rumeli Müdafaa-ı Hukuk Cemiyeti"*nin yerine bir siyasi fırkanın kurulması gerektiği yönünde açıklamalar yapıldı. Gazetecilerin soruları üzerine Mustafa Kemal, yeni fırkanın halka dayanacağını ifade etti.

Bir yandan yeni bir fırka ile halka dayanan bir yönetim tarzının tercih edileceğine dair emare ortaya çıkarken, bir yandan da *"Hilafet"* ve *"Saltanat"* gibi makamların geleceği tartışıldı. Bu tartışma ileriki günlere bırakıldı; Mustafa Kemal, bu toplantı sırasında gazetecilerin Hilafet makamı ile ilgili görüş ve düşüncelerini aldı ama konunun tartışılmasını, henüz ortam uygun olmadığı için barıştan sonraya bırakmayı tercih etti.

Bu arada Anadolu'da Milli Mücadele'nin devam ettiği günlerden itibaren, savaşın iktisadî bir yönünün olduğu gerçeğine ve tam bağımsızlık için iktisadî bir savaşın zorunluluğuna dikkat çeken gazeteciler ve aydınlar vardı. İzmir İktisat Kongresi'nde tam da bu konu tartışıldı. Lozan Konferansı'nın bir anlaşma olmadan dağıldığı sırada, 17 Şubat 1923'te tüccar, işçi, sanayici, zanaatkâr ve çiftçi gibi meslek gruplarının katılımıyla Kâzım Karabekir Paşa'nın başkanlığı altında çalışmalarına başlayan ve 4 Mart 1923'te sona eren İzmir İktisat Kongresi, Milli İktisat politikasını destekleyen pek çok kişi için tüm dünyaya yeni Türk Devleti'nin siyasal alanda olduğu gibi iktisadî olarak da bağımsız olmak istediğini gösterecek en güzel örneklerinden biri oldu.

Kısa bir süre sonra da Müdafaa-i Hukuk Cemiyetlerinin *"Halk Fırkası"* bünyesinde toplanacağı bildirildi. 1923 yılı Temmuz'unda yapılan seçimlerde Halk Fırkası adayları galip geldi. Siyasi tartışmaların yoğun yaşandığı bugünlerde Halide Edip'in telaşı ise farklıydı; Haziran ayının ilk günü yeğenlerinden biriyle Münih'e gittiği ve üç yıldır görmediği çocuklarını gördüğü biliniyor.[36]

Halide Edip, çocuklarından uzakta kalmış olmanın verdiği hasretliği aynı odada kaldıkları o tatilde gidermeye çalıştı.

Dolayısıyla anlıyoruz ki, Türkiye'de seçimler yapılırken onun gündemi çok farklıydı. Hem Türkiye'de değildi hem de romanlarıyla alakadardı. Örneğin Ateşten Gömlek Amerika'da yayınlanmak istiyor. Bu konuda Miss Billings'e yazdığı mektupta bazı aksilikler yaşadıklarını anlatırken, memnuniyetini de dile getiriyor. 24 Ağustos'ta mektubunda Ateşten Gömlek'i tamamladığını yazmıştı. Oğullarıyla yaptığı gezi ve sohbet saatlerinin dışında kalan vaktini anlaşılan daktilo başında geçiriyordu.

Halide Edip, Ekim'e kadar Almanya'da kalırken, başta Ankara'da olmak üzere ülkede yönetimin nasıl olacağı tartışılıyordu. Aslında İkinci Meclis'te oluşan siyasi tabloda otoritesini güçlendirdiği görülen Mustafa Kemal iki ayrı gazeteye verdiği demeçte konuyu gündeme getirmişti; hem Ocak 1923'te Türk basını ile yaptığı görüşme sırasında hem de Eylül 1923'te Avusturyalı bir gazeteciye verdiği röportajda *"Cumhuriyet"* rejimini hayata geçirmekten söz etmişti. Hükümet kurma çalışmaları sırasında girilen çıkmaz yol, Mustafa Kemal'in ani manevrasıyla cumhuriyete çıktı. 29 Ekim 1923'te yapılan oturumda Cumhuriyet ilan edildi. Böylece Mustafa Kemal Paşa, Cumhuriyet rejiminin ilk Cumhurbaşkanı, İsmet Paşa da ilk Başbakan oldu.

Dolayısıyla Cumhuriyet'in ilanı ne İstanbul ne de Ankara'da sürpriz olmamakla birlikte, kimse hazırlıklı değildi. Öyle ki, Rauf *(Orbay)* ve Adnan *(Adıvar)* ile Ali Fuat *(Cebesoy)*, Refet *(Bele)*, Kâzım *(Karabekir)* gibi isimlerin Ankara'da olmadığı bir sırada Cumhuriyet'in ilanı eleştirildi. Bu isimler İstanbul'da yaptıkları açıklamalarda Cumhuriyetin ilanının bir oldubittiye getirildiğini ifade etmişler, *"devleti bir cumhuriyet olarak adlandırmanın aslında özgürlük getirmediğini ve ister bir cumhuriyet yönetiminde olsun ister bir monarşi yönetiminde olsun asıl farklılığın istibdat ile demokrasi arasında olduğunu"* vurgulamışlardı.

Türkiye'nin açmazı doğu-batı sıkışmasının aydınlar arasında yarattığı çelişkileri 'cumhuriyet'in ilanına yönelik tartışmada da görmekteyiz. İstanbul'daki pek çok gazeteci Ankara'yı ve genel olarak doğuyu tanımıyordu. Ankara'nın başkent olmasının başta güvenlik ve diğer birçok gerekçesi olmasına rağmen, en önemli neden bütün dünyaya Türkiye'deki yeni iktidarın karşılaşılan zorluklara karşın galip gelineceğinin gösterilmek istenmesiydi. Bu büyük hedef doğrultusunda herkes üzerine düşeni yapmaya çalıştı ama elbette İstanbul'un ihtişamının yanında çorak bir görüntü akılda kalıyordu önce. Dolayısıyla İstanbul basınında tepkisel bir tavır da dikkat çekiyor, Ankara hakkında basında olumsuz haberler yer alıyordu. Yeni cumhuriyetin zamana ihtiyacı vardı.

Ankara'ya dışarıdan gelen birçok kişi ve devlet görevlisi ihtiyaçlarını gidermek için İstanbul'a muhtaçtı. Şehirdeki sosyal yaşam son derece sınırlıydı. Konut azlığı, düzenli yerleşme ve imar problemi, dışarıdan gelen insanlar arasında eriyip gitme endişesiyle bir kısım halkın gelenleri dışlaması gibi sıkıntılara ve hayal kırıklığı yaşatan durumlara rağmen, zamanla önyargılar yavaş yavaş kırıldı. Cumhuriyetin halkçılığı dikkat çekmeye başlarken, yeni başkentin imarı yeni Türkiye'nin görüntüsü ile ortak imaj yarattı.

Türkiye'de cumhuriyetin ilanı ve beraberindeki tartışmalar yaşanırken, Halide Edip'in bu tartışmalardan uzak kaldığını söylemiştik. Onun cumhuriyete dair düşüncelerine 1955 yılında yazdığı kitapta rastlıyoruz:

> *"Lozan Konferansı'nın ortaya attığı bir takım meselelerden sonra, 29 İkinci teşrin 1923'te, Büyük Millet Meclisi büyük bir kanunla, devlete cumhuriyet ismini verdi. Esasen tarihi ananelere ne kadar bağlı olursa*

olsun, realiteyi idrak eden her kişinin, bunun Türkiye için bir zaruret olduğunu kabul etmesi lazımdı. Gerçi meşruti hükümdarlıklar, bazen cumhuriyetlerden daha fazla demokratik olabilirler. İngiltere'nin olduğu gibi. Fakat bizde, hanedanın çökmesiyle meşruti şeklin idamesi sürdürülmesi imkânı sona ermişti. ... Bizim için mühim olan nokta, demokrat bir cumhuriyet mefhumuna (düşüncesine) milletin ekseriyetini bağlamak, bu mefhumu bugünkü manası ile ... çocuklarımıza aşılamaktır."

Halide Edip'in 'demokrat bir cumhuriyet'i önemsemesi onun fikren nerede durduğunu gösterirken, tartışmaların uzağında kalmasının nedenini edebi yazın hayatına kendini kaptırmış olmasında aramak gerektiğini belirtelim. Zira Halide Edip, roman yazmakla meşgul olduğunu şöyle anlatmıştı:

"Münih'ten dönüşümden sonra roman yazmakla çok meşguldüm. İkinci bir dizi olarak çıkmaktadır, Birincisi yayımlandı bile. Bundan başka birkaç kısa öykü yazdım. Hepsi çok fazla sevildi ve çok aranır oldu. Nihayet on birinci kitabımın ardından bile, "modası geçmiş birisi olmayacağım" diye tuhaf bir düşünceye kapılabilirim.... Şu anda Türkiye ve Türk Devrimi'ne karşı duyulan ilgiden dolayı bunun Amerika'da ilgi çeken bir konu olacağına inanıyorum. Size konusunu kısaca anlatayım: Yunan işgali süresince Anadolu'da birkaç kadın Yunanlılar ile ilişkiye girmiştir. Yunanlıların mağlubiyeti ve kaçışından sonra yerel halk, Türk Ordusu asayişi henüz kuramadan önce bunları linç

etmişti. Bu olayların hepsini araştırıp bir tanesinin üzerinde özellikle durdum ve köylülerin söylediklerinden başka gerekçeler de olduğunu keşfettim. Bu örneklerden bir tanesini, kurgusal ve sanatsal pek çok ayrıntıyla örerek bir romana dönüştürdüm.. Adı. Vurun Kahpeye! Onu linç edenlerin savaş 'çığırtkanlığı."[37]

Ateşten Gömlek'te başka ülkelerle mücadeleyi anlatırken Vurun Kahpeye içerideki sıkıntıya dikkat çeken, cehalet ve inanç sömürüsü ile savaşmanın gerekli olduğunu anlatan Halide Edib, Cumhuriyet'in ilânından sonra yazı hayatını Akşam, Vakit, İkdam gazetelerinde sürdürüyor. Zaten Vurun Kahpeye 1923'de, Akşam gazetesinde yayınlandıktan sonra da 1926'da kitap haline getiriliyor.

İşte bu sırada Dr. Adnan Adıvar'ın 1924'ten itibaren Terekkîperver Cumhuriyet Fırkası'nın kurucuları arasında görülmesi, Terakkiperver Fırka'nın muhalefette yer alması Halide Edip etrafında da bir tür hoşnutsuzluk halkasının oluşumuna neden oldu. Siyasî kırgınlıklar ve elbette kraldan çok kralcıların da yarattığı bir uzaklaştırma havası... Sonuçta Adıvar çifti 1925'te Halide Edib'in tedavisi için ülkeden ayrıldı. Önce Viyana'ya gittiler, buradan Halide Edib yazılarını Vakit gazetesine gönderdi. Aynı yıl Kalp Ağrısı yayımlandı.

Ateşten Gömlek Gösterimde

Cumhuriyet'in ilanından hemen önce yazar Halide Edip farklı bir heyecan yaşadı. 23 Nisan 1923'de Lozan Görüşmeleri yeniden başlarken ve Büyük Millet Meclisi Cumhuriyet'e doğru yol alırken, Kurtuluş Savaşı'nın ilk filmi Ateşten Gömlek gösterime girdi. Evet, Kurutuluş Savaşı sırasında yazılan ve o günlerin birebir tanıklığına dayanan bir roman olması dolayısıyla önemli kabul edilen Ateşten Gömlek aynı zamanda Türkiye'nin ilk sinema filmlerinden biriydi. Ayrıca bu film sinema tarihine sadece Kurtuluş savaşının ilk filmi diye geçmedi aynı zamanda Neyyire Neyir, Bedia Muvahhit gibi Türk kadın oyuncuların oynadığı ilk film olarak da geçti.[38]

'Ateşten Gömlek' sinemalarda iki ayrı bölüm olarak yani çift bilet karşılığında seyirciye sunuldu. Muhsin Ertuğrul'un senaryolaştırdığı ve yönettiği Halide Edip'in romanı Ateşten Gömlek'in öyküsü şöyleydi; Ayşe, İzmir'in düşman kuvvetleri tarafından işgali sırasında kocasını ve çocuğunu kaybeder. Sonrasında milli mücadeleye destek olmak için Anadolu'da hastabakıcılık yapmaya başlar. Savaş ortamında tanıştığı Binbaşı İhsan'a âşık olur.

Halide Edip 1922 yılı Mart ayında ordudan bir ay izin aldığı sırada Ankara'da yazarken muhtemelen kurtuluş mücadelesine yaptığı tanıklığı yeniden yaşamış ve yaşadığı anların tüm duygularını okurlarına aktarmıştı. Roman önce 1922 yılının Haziran ayında İkdam gazetesinde yayınlandı.

Romanda yaşam öyküleri ve aktardığı mekânsal ayrıntılarla olayları adeta film gibi yansıtmıştı. Ayrıca kitabın ismi de yaşanan destansı olayların nitelemesi olarak beğenilmişti. 1921 yılı Mayıs ayında Yakup Kadri'nin Ankara'ya gelişi ile birlikte Milli Mücadelenin destanının ismi de ortaya çıkmıştı. Halide Edip o günü anılarında şöyle aktarıyordu:

> *"Mayısın birinde Yakup Kadri Ankara'ya geldi ve bize misafir oldu. Hem dost hem yazar olarak ikimiz de onu çok seviyorduk. Yakup Kadri evin tepesindeki bütün Ankara'nın o sarı topraklarına bakan odasında kaldı. Onun misafirliği akşamlarımızı şenlendiriyordu. Konuşurken bu büyük kafanın, kocaman gözlerin, kudretli sesin arkasında o parlak yazarı sezmemek mümkün değildi. Yukarıda ne yazdığını sorduğum zaman, 'Ateşten Gömlek' adında bir Anadolu romanı yazmakta olduğunu söyledi. Ben de zihnimde bir Anadolu romanı tasarladığım için, o kendi romanını bitirmeden bu isimde benim böyle bir roman yazacağımı söyledim..."* [39]

Aslında romana Ateşten Gömlek ismi elbette çok yakışmıştı ama sonuçta Yakup Kadri'nin kendi kitabı için düşündüğü isimdi. Zaten Halide Edip de romanı yayınlandığında Yakup Kadri'den özür dilemiş, ona hitap eden bir yazı yazmıştı:

> *"Küçük sanatımla Anadolu'yu resmetmekten feragat ettim belki sanat namına isabet etmiştim. Böyle bir zamanda siz Anadolu'ya geldiniz. Anadolu hayli buhranlı günler geçiriyordu. Anadolu harekâtının hilkat günlerindeki ruhların izdihamı, ihtilâcı ve hâilesi artık geçmiş gibiydi. Havada daha mütekâmil ve müşkül bir ihtilâl ve harp kokusu vardı. Bununla beraber siz eski günleri sezmiş olacaksınız ki birdenbire bütün bu isimsiz şeyleri bir cümle içinde topladınız ve bana dediniz ki: - Ben 'Ateşten Gömlek' isminde bir Anadolu romanı yazacağım. Ben sizi biraz arkadaşça tazip için: - Ben de bir 'Ateşten Gömlek' yazacağım, dedim.*

Size de bu kadar Anadolu'ya yakışan ve kendi başına bir şaheser olan isim için teşekkür etmek ve sizden af dilemek isterim, Yakup Kadri Bey. İsmin kudreti[nin] eserden kavî olması benim kabahatim değildir. Benim "Ateşten Gömlek"i eğer zaman söndürüp bir tarafa atmazsa Türk romanları arasında iki tane "Ateşten Gömlek" olacak. Belki elli sene sonra bir kütüphane rafında yan yana oturacak olan bu iki kitap Hans Andersen'in masallarındaki gibi belki dile gelir, birbirlerine geçmiş günleri söylerler. Kim bilir o uzak atide Türk gençliğinin sırtındaki "Ateşten Gömlek" ne kadar bizimkilerden başka olacaktır..."

Anadolu topraklarında verilen mücadelenin dayanışma ruhu çok etkiliydi. İşte Yakub Kadri Karaosmanoğlu'nun Halide Edip'in ölümünün ardından yazdığı Büyük dostum Halide Edip başlıklı yazısında bunu hissedebiliyorsunuz. Yakup Kadri, dostluklarının gelişimi ve nasıl ayrı düştüklerine dair yorumlar yaparken Ateşten Gömlek romanı ve isim babalığı ile ilgili şöyle diyordu:

" Millî Mücadele devrinde, Ankara'da, Kalaba köyünün bir çiftlik binasında olsun, harb cephesinde Polatlı'nın han odalarında bir arada geçirdiğimiz uzun zamanlar boyunca Kurtuluş Savaşının tozundan dumanından baş alıp da edebiyat ve sanattan bahsetmek fırsatını bulamazdık.

Yalnız Sakarya Meydan Muharebesi'kazanıldıktan sonra Garp Cephesi Karargâhının Sivrihisar kasabasına nakletmesi üzerine rahat sayılabilecek bir yaşama şartına kavuştuğumuz günlerin birinde Halide Edip bana bir Millî Mücadele romanı yazmak niyetinde olup olmadığımı sormuş, ben de ona "Evet" demiştim. "Hattâ, şimdiden adını -bile koymuş bulunuyorum: 'Ateşten Gömlek'". Bu ad Halide Edib'in o kadar "hoşuna gitmişti ki 'Ya siz bir roman yazmayacak mısınız?' diye sorduğum zaman 'Yazmak isterim fakat Ateşten Gömlek başlığını bana verirseniz' demişti. Bunun üzerinedir ki, zaten sonra o 'Ateşten Gömlek' ben de 'Ankara' ile 'Yaban', romanlarını yazmıştık...."

Kitabın film olmasında, Halide Edip'in gözlem yeteneği ile aktarımının senaryo yazımına uygun olması kabul ediliyor. Aynı zamanda okuyanda o günlerin atmosferini canlandırması ve mücadele verenlerin cephesinde yaşanan duyguları etkili bir şekilde anlatması da kıymetli addediliyor.

Örneğin Nazan Bekiroğlu[40], Türkiye'nin edebiyat tarihine ilk Kurtuluş Savaşı romanı olarak giren Ateşten Gömlek'i, milli mücadele sırasında yazılan ve bu dönemi işleyen Türk romanları içinde en güzellerinden biri olarak niteliyor. *"Ayşe, İhsan ve Peyami arasında teşekkül eden bir ezelî aşk üçgeni etrafında hem bireysel hem toplumsal anlamda giyilen "ateşten" bir gömleğin anlatıldığı bu roman, Peyami'nin bireysel muhtevadan millî muhtevaya doğru psikolojik değişimini de içerir"* demektedir.

Aslında bu roman sanki kurtuluş savaşının isimsiz kahramanlarına adanmış gibidir. Çünkü Halide Edip'in de deyimiyle kimsenin bilmediği *"iki dakikada gelip geçen büyük ruhlar"* anlatılmıştı. Türkün Ateşle İmtihanı'nda bu romanın karakterlerinin nasıl doğduğunu anlatırken Halide Edip şöyle diyor:

"Hastanenin başhekimi Dr. Şemsettin eski bir tanıdıktı. İnönü savaşında yaralanan ortak dostlarımız olduğunu söyledi. Zavallı, bir zaman, iki hastabakıcıya kalmıştı. Haziran gününün sıcağı odayı yakıyordu. Bana çay verdiler. Fakat kafam hastabakıcının büyüğü ile meşguldü. Derhal onu Anadolu'ya ait romanımın kahramanı yapmaya karar verdim. Kendine özgü yanları vardı. Ameliyat masalarının başında durduğu ve hastalara yardım ettiği zaman, âdeta onlara hayat verirdi. Uzun boylu, zümrüt gibi yeşil gözlü, siyah kirpikli, fildişi gibi beyaz tenliydi. Ancak sıcak iklimlerde görünen kırmızı karanfil gibi dudakları vardı. Odadan çıktıktan sonra Dr. Şemsettin'e onu yeni bir romana kahraman yapacağımı, adını Ayşe koyacağımı söyledim. Doktor gülerek, erkek kahramanın kim olacağını sordu. Henüz bilmiyordum. Komutanlardan biri, İstanbullu bir genç, belki de Mehmet Çavuş olabilirdi. Fakat kararımı vermiş değildim. Madam Tadia'nın kuştüyü yatağına çekildiğim zaman uyumadan önce bunu düşünüyordum. Fakat Eskişehir'deki görevim kafamı o kadar doldurdu ki; Ankara'ya dönünceye kadar bir karara varmadım. Ankara'da romana başladım."[41]

Sonuç olarak Kurtuluş Savaşı'nın ateşten gömleğinin içinden çıkmış bir roman Halide Edib için silah arkadaşlarını aktarmaktı. Her birini yakından tanıdığı roman kişilerini, içtenlikle, çağına ve yaşanan acı olaylara sorumlulukla tanıklık ederek anlattı. Muhsin Ertuğrul da yine aynı içtenlikle perdeye yansıttı.

Ayrıca kitap dünyaya açılmış, birçok dile çevrilmişti, Hindistan'dan İngiltere'ye, Amerika'dan Avrupa'ya dek okurla buluşmuş yani Türkiye'nin bağımsızlık mücadelesini dünyaya anlatan en önemli kaynaklardan biri olmuştu. Dolayısıyla dünyaya derdini anlatmak için hem roman hem film olarak iki koldan hitap etme şansını taşıyordu. Bu yüzden olsa gerek, Mustafa Kemal'in bizzat romanın filme çekilmesini istediği belirtiliyor. Türkiye'nin sinema tarihçisi Agah Özgüç filmin hikâyesini anlatırken, Mustafa Kemal'in etkisi olduğunu vurguluyor:

"...Kuşkusuz bu gelişmede Atatürk'ün etkisi ve rolü, çok büyüktü. Ve Türk asıllı kadınların kamerayla tanışması nasıl olmuş ve bu "tarihi karar" nasıl alınmıştı? Bu soruların yanıtını Tarık Dursun K.nın Muhsin Ertuğrul'un yaşamını konu alan romanında buluyoruz: 'Gazi, bir gün Halide Edip Hanımı çağırtmış Çankaya'ya. Ona demiş ki: İstiklal Harbi bitmiştir. Her harp başlar ve biter. Ama önemli olan, biten harbin yaralarını mümkün olduğu kadar çabuk sarmak ve hayatı normal akışına sevk etmektir. Bunun için kitlelerin heyecanını ayakta tutmak mecburidir. Yine bunun için romanlar, hikâyeler, piyesler yazılmalı, filmler çevrilmelidir. Senin o "Ateşten Gömlek" romanın var. İşte onun filmi yapılmalı. Halkımız neler çektiğini hiç unutmamalı, hep bilmeli ki, bugünün kıymetini takdir etmeli. "Ateşten Gömlek" filminde mutlaka Türk kadınları rol almalı ve oynamalı..." Bu tarihi karar sonucunda, "Ateşten Gömlek" adlı romanın Kurtuluş Savaşı'nı anlatması nedeniyle, kahramanlarından özellikle Kezban ve Ayşe'yi Türk kadınlarının oynaması şart olmuştu. Romanın yazarı Halide Edip Adıvar'la, filmi yönetmeye hazırlanan Muhsin Ertuğrul da bu görüşü savunmuş ve sonunda Ayşe rolü Bedia Muvahhit'e verilmişti..."

Agah Özgüç filmin çekim sürecinin hiç de kolay olmadığını anlatırken *"çileli ve maceralı bir film"* ibaresini kullanmıştı. Özellikle Türk kadınının filmde oynamasının bağnaz çevrelerce tepkiyle karşılandığını hatta film ekibine fırınların ekmek bile satmadığını belirtmişti. Bu tatsız olaylara karşılık sinema tarihimizin bu ilk Türk kadın oyuncuları, ilk denemelerinde beğenilmişlerdi diyen Özgüç, *"Ayşe rolünü yapan genç Türk hanımın muvaffakiyetine hayran olmamak kabil değil"*, *"Filmin şaheser kısmı Kezban rolündedir"* gibi olumlu eleştiriler aldıklarını belirtmişti.[42]

Kadını ve erkeğiyle her ne kadar hep birlikte bir mücadele sergilenmiş de olsa o günlerde Türk olup da sahneye çıkmak bir devrimdi. Şimşekleri üzerine çekmek, türlü suçlamalarla karşı karşıya kalmak demekti. Her şeyi göze almak demekti. Bu cesareti nasıl göstermişlerdi?

Darülbedayi oyuncularından Ahmet Refet Muvahhit'in eşi olan Bedia Muvahhit, filme dair anılarını şöyle aktarıyor:

"Y.S. – Biz önce size 1923 yılında "Ateşten Gömlek" filmiyle ilk Türk kadın oyuncusu olarak perdeye geçişinizin öyküsünü soralım.

B.M. – Bakın 1923'te ben Muvahhid'le yeni evlenmiştim. Halide Edip hanımın "Ateşten Gömlek"ini filme almak istemişler. Halide Edip hanım da, bu rolü ancak bir Türk kadını oynayabilir demiş. Ertuğrul Muhsin, Muvahhid'in de, benim de iyi arkadaşımızdı, aile dostumuzdu. Geldi, Muvahhid'e karın oynar mı dedi. Ben çok sevindim, film oynamak o zaman hiç beklemediğim birşeydi, birdenbire... Peki, dedim. Filmi çevirdik. O zaman için önemli bir para olan 100 lira verdiler bana, *sonra oyunumu çok beğendiler, 50 lira daha verdiler. Sonra Ertuğrul Muhsin'le, Eyüpsultan'da galiba bir fırını mı ne, bozmuşlar, stüdyo yapmışlardı, orada çevirdik filmi. Sesli olarak çevirdik. Hiç iptidaî bir şekilde değildi. Sonradan da film çevirdim, ama onlara göre hiç iptidaî değildi. Işıklar, ses filan."*⁴³

Söyleşide Halide Edip'in de zaman zaman sete geldiğini belirten ünlü aktris, Bedia Muvahhit'i tiyatroya kazandıran da yine Ateşten Gömlek'i Türk sinemasına kazandıran Atatürk'tür diyor. Bu arada Ayşe rolü için oyuncuyu kolayca bulsalar da önemli bir sorun daha vardır, Kezban rolünü oynayacak Türk kadını nasıl bulunacaktır? Vasfi Rıza Zobu bu seçimi şöyle anlatır:

"...İkinci rol için Müslüman kadın oyuncu bulunamayınca, gazetelere ilan verildi. Ertesi gün tek bir kız başvurdu. Kemal Film'in bürosu, Sirkeci'de, Ali Efendi Sineması'nın üstündeki iki küçük odanın içinde idi. O gün, büroya uğradığımda, Neyyire'yi gördüm. Kolejde öğrenciymiş. 'Film için müracaat etti. Muhsin'i bekliyor' dediler." ⁴⁴

Neyyire Neyir, Halide Edip'in Ateşten Gömlek adlı romanının filme alınacağını duyunca dayısı Doktor Zühdü Rıza Bey'le birlikte film ekibiyle görüşür ve Kezban rolünü alır. Kendisini sinema perdesinde gördüğünde kalbi yerinden fırlayacakmış gibi çarpan Neyyire Neyir, Halide Edip'le de hayatı boyunca süren bir dostluk kuracaktır. Bu filmin tiyatroya kazandırdığı diğer bir Türk kadını da Neyyire Neyir'dir. Neyyire Neyir daha sonra Muhsin Ertuğrul ile evlenmiş onun hem sahne hem de hayat arkadaşı olmuştur.

Bu filmle ilgili sinema tarihçisi Giovanni Scognamillo'nun Türk Sinema Tarihi adlı eserinde ise şu bilgiler yer alır:

> *"Ertuğrul'un Kemal Film için yönettiği film ise bir "olay" filmidir, bir heyecanın ürünüdür ve yönetmenin inişli çıkışlı çalışmalarından en önemlisidir. Bir kez daha Ertuğrul edebi bir uyarlamaya girişiyor Halide Edip Adıvar'ın Ateşten Gömlek romanını seçmekle ve bu seçimi de her açıdan tutarlı oluyor, güncelliği ve uyandırdığı akislerle. Senaryo Ertuğrul'undur, görüntü yönetmeni Cezmi Ar, oyuncular ise Ertuğrul'dan başka, Neyyire Neyir (Ertuğrul), Bedia Muvahhit, Behzat Butak, Emin Beliğ Belli, Vasfi Rıza Zobu, Refik Kemal Erduman, "Sepetçi" Ali Rıza, Hakkı Necip Ağrıman, Mme. Artinova ve Panayota.*
>
> *Bu film, savaşın henüz silinmemiş, unutulmamış acılarının, sevinçlerinin sanat aracılığıyla belgelenmesiydi. O devrin sinema tekniğine göre plan, görüntü, gerilim, eylem bakımından kuruluşu çok başarılıydı. Filmin öyküsünde yer almış kişiler, gerçekten yaşamış, bu topraklar üzerinde emperyalizmin baskısına karşı savaşmış kahramanlardı. Geniş figürasyon kadrosu içinde, İstiklal Savaşına katılmış pek çok kişi de vardı. Muhsin'in filmleri içinde en çok beğenilmiş olan bu olmuş, en kalıcısı da yine bu film olmuştur' diyor Ercüment Behzat Lav. Ateşten Gömlek (1923) filminin olay yaratması salt güncel ve ulusal konusundan, alındığı romanın niteliğinden gelmiyordu. Film Türk sinemasında ilk kez, diyebiliriz ki gerçekle yüz yüze geliyordu, bu çok önemli gerçeği, kendi olanaklarına göre aksettiriyordu. Üstelik ilk konulu Kurtuluş Savaşı filmi idi."*

Scognamillo, Ateşten Gömlek'in belge film niteliğinin altını çizerken, filmin dış basında da yankılandığını vurguluyor.[45] Filmin ilk gösterimi 23 Nisan 1923'te gerçekleşti, Lozan görüşmelerin yeniden başladığı gün, Meclis'in kuruluş yıldönümü ve bir de Halide Edip'in evlilik yıldönümü...

Beyoğlu Palas Sineması'nda yapılan Ateşten Gömlek'in Türk edebiyat, sinema ve tiyatro sanatına kattığı ilklerden biri de uzunluğu sebebiyle *"iki fasıla"* yani iki bölüm olarak gösterime girmesiydi. Ne yazık ki İpek Çalışlar kitabında bu filmin belediye deposunda çıkan bir yangında yandığını belirtiyor. Yine aynı kitapta Halide Edip'in arkadaşlarından Miss Billings'e yazdığı mektupta Edip'in düşünceleri şöyle aktarılıyor:

> *"Çoğunlukla Anadolu'da çekilen filmin savaş sahneleri ordu tarafından canlandırılmış. Üç Türk bölüğü bunları oynadı ve gerçek savaş gibi görünüyor. Neyse hiçbir şey Türk dünyasını bu kadar heyecanlandırmadı. Geceler boyunca polis sinemanın kapısındaki kavgaları engelleyemedi, yüzlerce kişi aynı anda içeri girmeye çalıştı. Hem kitap, hem de film çok büyük bir başarıya ulaştı."*

Hindistan'a neden gitti?

İnsanın ergenlik yıllarında dinlediği, hayallerinde canlandırdığı bir ülkeyi ziyaret etmesi heyecan verici olsa gerek. Halide Edip bu şansı yakalamış biri. Ne tesadüf ki, ona Hindistan'ı anlatan aynı zamanda ondaki yazma dürtüsünü ortaya çıkaran İngiliz öğretmeniydi.

Daha önce bahsettik, Halide Edip'in ilk gençliğinde babası İngilizce öğrenmesini önemsemiş ve bir İngiliz hoca tutmuştu. Kızıyla birlikte Halide Edip'in evine yerleşen bu öğretmen Hindistan'da büyük bir çay tüccarının eşi olan ve kocası öldükten sonra çalışmak zorunda kalan bir kadındı. Hindistan'da yaşamış bir İngiliz... Ne kadar da egzotik görünüyor, değil mi? Halide Edip'in anılarında minnettarlığını paylaştığı bu öğretmen onu İngiliz edebiyatı ile tanıştırmıştı. Bu sırada Halide Edip ilk tercümesini yapmış ve Osmanlıcaya İngiliz edebiyatından klasikler kazandırmıştı.

İşte bu İngiliz öğretmenin anlattığı Hindistan'a yıllar sonra giden Halide Edip'in, gidişinden önce ünü Hindistan'a varmıştı. Muhammed Yakub Han tarafından 1932 yılında Urdu diline tercüme edilen *"Ateşten Gömlek"* romanı ondan önce Hindistan'da okur çekmişti.

Halide Edip, 1935 yılında Hindistan'a seri konferans vermek üzere davet edildi, daveti kabul etti ve bu gezinin ardından da düşüncelerini *"Inside India"* adlı eserinde anlattı. Yazarın konferans metinleri de *"Conflict of East and West in Turkey" (Türkiye'de Doğu-Batı Çatışması)* adıyla 1935 yılında İngilizce olarak basıldı. 1955'te kaleme aldığı *"Türkiye'de Şark, Garp ve Amerikan Tesirleri"* çalışmasından da anlaşılacağı üzere amacı, Hindistan'da dış etkenleri aramak mı, yönlendirmek miydi bilinmiyor ama merak uyandıran bir konu olduğu kesin.

Niyeti neydi? Hindistan'da yaşayan farklı etnik ve dinî gruplar arasındaki çatışmaların ve anlaşmazlıkların ön plana çıktığı bir dönemde orada olmasının ne tür bir anlamı vardı?

Dünya tarihinin en önemli protestolarından biri olan Gandi'nin başlattığı sivil itaatsizlik ve pasif direniş siyaseti beşinci yılındayken Halide Edip orada konferanslar verdi. Hindistan İngiliz sömürgesi altında ezilen ve Doğu'ya hakim olmak isteyen Batı'nın acı çektirdiği ülkelerden biriydi.

Öncelikle, günümüzde çok üzerinde durulmasa da Türkiye ve Hindistan, özellikle Türkiye'nin kurtuluş ve kuruluş mücadelesi sırasında birbiriyle teması sıkı iki devletti. Türkiye'nin Kurtuluş Savaşı Hindistan basınında geniş yer buluyor ve yeni cumhuriyet ile Atatürk manşetlerde mazlum ulusların umudu olarak yansıtılıyordu. Dolayısıyla Halide Edip'in Hindistan ziyaretinin Türkiye açısından önemi olmuş olmalı diye düşünüyorum.

Halide Edip'in Hindistan'daki günleri, Türkiye Cumhuriyeti tarihine etki eden bir karakterin Hindistan tarihine de etki etmesi anlamına gelecek derecede önemli sonuçlar doğuruyor. Aslında başlı başına nedenleri ile tartışılan bir konu olsa da Halide Edip'in Hindistan ziyareti sonuçları itibariyle değerlendirilmeli bence.

Milliyetçilik rüzgârının dünyanın birçok bölgesini etkilediği bir çağda Hindistan'da 1935 Anayasası olarak bilinen anayasa tasarısı kabul edilir, İngiliz yönetiminin gitgide artan Hindistan milliyetçiliğine karşı, göstermelik yasalarla bazı düzenlemelere başvurur, özellikle Müslüman halkta tepkiye yol açar. Hindu ve Müslümanlar arasında baş gösteren problemler ve farklı etnik grupların bir arada yaşama formülleri yerine ulusal hareketlerin tercih edilmesi, ülkenin siyasî bir kargaşaya sürüklenmesini de kolaylaştırır. Farklı etnik ve dinî grupların yönetime aynı veya yakın güç ve yetkilerle talip olması, Hindu çoğunluğuna sahip bir ülkede hayli zor bir sürecin başlamasına yol açar. Müslüman ve Hindu toplumu arasında baş gösteren siyasî anlaşmazlıklar, bir süre sonra daha da derinleşir ve bu olayların sonunda 1947'de Pakistan, bağımsız bir devlet olarak resmen kurulur.[46]

Halide Edip işte böyle bir kargaşa ortamında Hindistan'a davet ediliyor, başta Hint Müslümanları olmak üzere, gençlere ve toplumun farklı kesimlerine konferanslar veriyor. Gandi'nin yakınındaki dört Müslümandan biri olan Dr. Ansari, Halide Edip'in daveti ve Hindistan'da bulunduğu sürece misafir edilmesinde etkin rol oynuyor.

Kongre Partisi'nde Müslüman kanadı temsil eden ve Hindistan'ın birliğini savunan Dr. Ansari'nin karşısında Müslüman Cemiyeti'nin yeni lideri ve *"Hindistan'ın hür ve demokratik devletlerden müteşekkil bir federasyon olması ve bu devletler içinde Müslümanların ve öbür azınlıkların hak ve menfaatlerinin anayasa ile gerektiği gibi ve fiilen korunması"*nı savunan Muhammed Ali Cinnah bulunuyordu.

Pakistan'ın ilk devlet başkanı Cinnah'ın antidemokratik bulduğu ve azınlık haklarının yeterince korunamayacağına, etnik ve dinî unsurların göz ardı edildiğine inandığı yeni düzenlemeler, İngilizlerin bölgeyi bir çatışma ve ayrılığa doğru zorladığının kanıtı olarak kabul edilirken, Hindistan tarihine bakıldığında İngilizlerin Cinnah'ı yalnızlığa itmeye çalıştığı da belirtiliyor. Bu durumda Cinnah'ın karşısında konumlanan Halide Edip konferanslarında ne anlatıyordu?

Hindistan'dan ayrılmayı istemeyen, fakat Müslüman azınlığın âdil temsilini; sosyal, kültürel ve dinî haklarını da garantiye almayı hedefleyen Müslüman aydınların desteğe ihtiyaçları vardı. Halide Edip'in, Batı'yla mücadele etmiş ve kurulmuş genç bir devletin mensubu olarak, tecrübelerinin ışığında Hindistan'da yaşanan kargaşaya yönelik yapacağı yorumların bu desteği sağladığı söylenebilir. Ayrıca İngilizler, eşit temsil ve yönetimde orantılı bir ortaklıktan yana olan Müslümanları dışlamak ve kendileriyle daha uyumlu, alternatif bir Müslüman tipini ön plana çıkarmak için çaba sarf ediyorlardı. Bu durumda Halide Edip'in de, Muhammed Ali Cinnah'ı dışlamaya çalışan İngilizlerin söylemlerine paralel bir takım telkinlerde bulunduğu değerlendiriliyor.[47]

Onu Hindistan'a davet eden Camia-i Milliye-i İslamiye etrafında toplanan Müslüman aydınlar, genel olarak *"Müslüman kimliğini koruyarak Hint vatandaşı olarak kalmayı"* savunanlardı. O da kendisinden beklendiği gibi Osmanlı devletinin yok oluşuna tanıklığını anlattı. Bir yandan da Pan-İslamizm ve Pan-Turanizm gibi farklı fikir akımlarının Osmanlı Devleti'ni kurtarmaya yetmediğinin canlı tanığıydı. Hindistan'daki farklı ırk, dil ve dinlere mensup insanların bir arada yaşamalarının gerekliliği üzerinde durarak bölünme ve parçalanmanın vahim sonuçlar doğuracağını anlatmıştı. Onu davet eden Dr. Ansari ve etrafındakilerin yarattığı siyasetin etkili olduğu ve böylece bazı Müslümanların Hindistan'da yaşamayı tercih etmelerinin sağlandığı değerlendiriliyor. İşte Halide Edip'in konferanslarının etkisi burada ortaya çıkıyor. 63 gün boyunca iç karışıklığın yaşandığı bir ülkede rahatlıkla konferanslar verebilmesi de dikkat çekiciydi. 'Bu ancak İngiliz makamlarının onayı ile mümkündü' yorumu yadsınamaz bir durumu dikkatlerimize sunuyor.

Sonuç olarak Hindistan'da Müslüman azınlık olarak kalma düşüncesinin yayılmasına katkı sağladığı anlaşılan Halide Edip'in İngiliz politikalarına paralel davranmış olduğu görülüyor. Elbette İngiliz politikalarına yarar sağlayan bu etkinliği Halide Edip'in İngilizler için çalıştığı anlamını doğurmaz ama Kurtuluş Savaşı sırasında nasıl ki ABD mandası tartışması üzerine yapıştıysa,

Hindistan ziyareti de aynı şekilde etkili oldu ve onunla ilgili tartışılan konuların başında geldi.

Sebebi ve sonuçları tartışılsa da o döneminin gazetelerine bakıldığında hoş bir etki yarattığını söylemek de mümkün. 7-15 Ocak 1935 tarihleri arasında Hint basınında çıkan haberlerde, O'nun için; *"Modern Türkiye'nin Kurucusu"*, *"Demokrasi Müdafii ve Hürriyet Kahramanı"*, *"Türkiye'nin Jan D'ark'ı"*, *"Türkiye'nin En Büyük Kadını"*, *"Türkiye'nin İstiklâli İçin Mustafa Kemal Paşa ile Yanyana Çarpışan Meşhur Türk Hanımı"*, *"Türkiye'yi Şekillendiren Türk Hanımı"* gibi övgü dolu ifadeler kullanılmış...

Hindistan Müslümanlarının Halide Edip'e gösterdikleri bu ilginin başlıca sebeplerinden biri, Millî Mücadele'nin başarıyla sonuçlanmasının ve ardından yeni Türkiye Cumhuriyeti'nin kurulmasının Hint Müslümanları arasında yarattığı coşku ve ümit olsa gerek.[48]

Türkiye Kadın Hareketinde Halide Edip

Dünyada kadın hareketi, 18. yüzyıl İngiltere'sinde kadın-erkek eşitliği mücadelesiyle başladı. Kadınlar, erkeklerle eşit haklara sahip olma mücadelesinde tüm dünyada varlık gösterirken, Osmanlı'da özellikle İkinci Meşrutiyet ile görünür oldular.

Ulus devlet, milliyetçilik rüzgârı derken, aslında sözü edilen yurttaşlıktı. Yurttaşlık ise eşit haklarla var olmayı gerektiriyordu. Tüm dünyada esen bu rüzgâr Osmanlıyı es geçmedi. II. Meşrutiyet döneminde kadınlar toplumsal yaşamlarıyla ilgili bazı taleplerde bulundular. Bu talepleri ve düşüncelerini dergilerde dile getirdiler, örgütlendiler. Dergilerin kadın hareketine katkısından daha önce bahsetmiştik; 1869'da ilk yayın olarak Terakki-i Muhaderat isimli bir kadın dergisi çıkarılmıştı. Bu dergilerde kadınlar kendilerini birey olarak ifade etme, sorunlarını dille getirme imkânı buldular. Aynı zamanda yardım derneklerinde de örgütlendiler. Kadınların kurduğu dernekler hiçbir ayrım gözetmeksizin tüm Osmanlı kadınlarına açıktı ve özellikle kimsesiz kadınlarla onların çocuklarına yardım etmeyi amaçlayan derneklerdi.

Kadınların mücadelesi kısa zamanda karşılık buldu, kadınlar öncelikle eğitim alanında kimi haklara kavuştu. 1910'lu yıllarda Osmanlı'da artık bir kadın hareketinden ve kurumsal yapılanmadan söz ediliyordu. Zaten öncü örgüt Teali-i Nisvan Cemiyeti'idi *(Kadınların Durumunu Yükseltme Derneği).* Cemiyetin kurucuları arasında Halide Edip de vardı.

Kadınların Durumunu Yükseltme Derneği, çok eşliliğe karşı çıkarken kadın erkek eşitliğini savunuyordu. Kadınlar bu mücadelelerinde de kısa zamanda sonuç aldılar; bir kararnameyle evlilik yasal bir çerçeveye bağlandı ve kadınlara da boşanma hakkı tanındı. Bu düzenlemeyle aynı zamanda çok eşli evlilikte de kadının rızası gündeme getirilerek çok eşliliği de sınırlandırmıştı.

Bu arada kadınların Osmanlı'da emek alanında da sınırlı varlık gösterdikleri biliniyor. Kemalizmde ve Kemalizm sonrasında Türk Kadını kitabında Dr. Bernard Caporal'ın verilerinde, Osmanlı'da kadınların erkeğin maddi bağımlılığı altında yaşadığı belirtilirken, Kanuni Sultan Süleyman döneminden kalan fermanların gösterdiğine göre bazı kadınların işletme sahibi olabildikleri de anlatılıyor. Kadınların varlık gösterdiği, halıcılık, kumaş işleme, işportacılık ve çamaşırhane gibi iş alanları vardı.

Kemalist devrimin hemen öncesinde, İzmir bölgesinde 1280 tezgâhta 4780 kadın çalışmaktaydı. Aydın'da 3600 tezgâhta 11000 kadın halı dokuyordu. Uşak'ta 4000 kadın işçi 1500 eve dağılmıştı. Konya ilinde ise 18000 kadın işçi vardı.

Osmanlı'da tüm dünyada olduğu gibi çalışma hayatında işçinin yasal güvencelerinin eksik olduğunu belirtilirken, sanayileşmeyle birlikte Türkiye'de de benzer sorunların yaşandığı anlaşılıyor. Kemalist devrimden önce bir bölümünü kadınların oluşturduğu bir işçi sınıfı doğmuştu. Ancak işçi sınıfının çalışma koşulları Osmanlı'nın yöneticilerinin gündeminde yoktu.

Kurtuluş Savaşı'nın ardından Türkiye Cumhuriyeti'nde savaşta erkek nüfusun azalmasının da etkisiyle pek çok alanda kadınların varlık gösterdiğine tanık oluyoruz. Cumhuriyetin ilk yıllarında kadın emeğine ilk gereksinim duyan kamu kuruluşu PTT yönetimi oldu. PTT'yi Maliye Bakanlığı örgütü izledi. Türkiye'de kadınlar özellikle meslek olarak asıl öğretime yöneldi; Cumhuriyet'in 'eğitim ordusu yetiştirme' hedefi doğrultusunda bu alanda kadınların yoğunluğu görüldü. Halen kadınlar arasında öğretmenlik yaygın bir şekilde tercih edilen bir meslek.[49]

Sonuç olarak 20. yüzyıl başlarında bütün dünyada olduğu gibi ülkemizde de kadınların talepleri yavaş yavaş karşılığını buldu ve tartışılan bazı konularda yasal değişiklikler gerçekleşti; evlilik kurumunun kayıt altına alınması, kadınların evlilik yaşının yükseltilmesi, tek taraflı boşanma hakkının sona ermesi ve kadının da boşanma hakkına sahip olması gibi.[50]

Ayrıca 'eşitlikçi feminizm' olarak da tanımlanan *"birinci dalga"* feminist hareketin talepleri arasında eğitim hakkı, ev dışında çalışma ve oy hakkı gibi kamusal alanda görünür olmaya dair talepler vardı ve kısmen başarıya ulaşıldı. Zaten Cumhuriyetin kuruluşuyla birlikte 'yurttaşlık' tanımı tam karşılığını buldu ve medeni kanun, oy hakkı gibi yasal düzenlemelerle kadınların eşitlik mücadelesi hukuki zeminde birçok ülkeye öncü olacak bir şekilde gerçekleşmişti ve kadın hareketi başarı kazanmış oldu.

Ancak burada kimi eleştiriler de yöneltilmiyor değil, İslami erkek egemen sistemin yerini modern devletin kontrolündeki erkek egemen sistem alması gibi... Osmanlı'da Tanzimat sonrası devlet nezdinde gerçekleşen değişimler, kadınlar için olumlu gelişmelere yol açsa da kadınlar üzerindeki denetimin devlete geçtiği değerlendiriliyor. 1980'lere kadar Batı'daki kadın hareketiyle ilişkilerin zayıfladığı ve kadın mücadelesinin sekteye uğradığı da yorumlanıyor. Özellikle 80'lerden sonra bu topraklarda kadın hareketi yeniden canlanıyor.

Aslında Türkiye'de kadın hareketi Osmanlı'daki hararetini devretmedi. Çünkü özellikle Cumhuriyet'in ilanı, hilafetin saltanatın kaldırılması, kadın-erkek eşitliğini sağlayan medeni kanunun çıkması, kadınlara seçme seçilme haklarının verilmesi zaten kadın hareketinin başarısını ifade ediyordu. Kadınlar verdikleri mücadelenin ivme kazanmış başarısı karşısında eldeki kazanımlarla yetinmiş gibiydiler. Gerçekten de tüm dünyadan ileri seviyelere gelirken, örneğin Meclis'te temsiliyeti bir kavga alanına dönüştürmediler.

Seçim kanunu, kadınlara seçme seçilme hakkı gibi konular uzun tartışmalarla bir süreç içinde gündeme geldi. Cumhuriyet'in kadınları için biçilmiş bir rol vardı ve kadınlar bu rolle mutluydular. Eğitimli anne ve eş nitelemesi Mustafa Kemal Atatürk'ün de konuşmalarında vurguladığı, kadınların o rolünü anlatan ifadelerdi. Bu konuda Atatürk'ün Konya'da Kızılay Kadınlar Şubesinin 21 Mart 1923'teki toplantısında yaptığı konuşma örnek veriliyor:

"Dünyada hiçbir milletin kadını, 'Ben Anadolu kadınından daha fazla çalıştım, milletimi kurtuluşa ve zafere götürmekte Anadolu kadını gibi emek verdim' diyemez. Belki erkeklerimiz memleketi istila edenlere karşı süngüleriyle, düşmanın süngülerine göğüslerini germekle düşman karşısında bulundular. Fakat erkeklerimizin meydana getirdiği ordunun yaşam kaynaklarını kadınlarımız işletmiştir. Yurdun varoluş nedenlerini hazırlayan kadınlarımız olmuş ve kadınlarımız olacaktır. Kimse inkâr edemez ki bu savaşta ve ondan önceki savaşlarda ulusun yaşam yeteneğini tutan hep kadınlarımızdır.

Çift süren, tarlayı eken, ormandan odunu, keresteyi getiren, aile ocaklarının dumanını tüttüren, bütün bunlarla beraber sırtlarıyla, kağnısıyla, kucağındaki yavrusuyla yağmur demeyip, kış demeyip, sıcak demeyip cephenin harp malzemesini taşıyan hep onlar, hep o yüce, o fedakâr Anadolu kadınları olmuştur. Bundan ötürü hepimiz, bu büyük ruhlu ve büyük duygulu kadınlarımızı şükran ve minnetle sonsuza kadar aziz ve kutsal bilelim."

Dolayısıyla Türkiye'nin kadın hareketi Osmanlı'dan sonra sanki bir durgunluk evresi yaşadı. Cumhuriyet'in tarihini yazanlar da kadınlara hep haklar verildiğinden söz etti. Oysa kadınlar o haklar için ciddi bir mücadele süreci yaşamış ve erkeklerle birlikte savaşın dahi içinde yer almışlardı. Yani yeni bir ülke kurulurken kadınlar da yoğun emek vermişlerdi.

İlk dönem feminist hareketin eş zamanlı bir şekilde Osmanlı'da varlık gösterdiğini söylerken, Halide Edip'in zamanın ruhunu yakalamış kadınlardan olduğunu vurgulamak gerekiyor. O hem dergilerde yazıları ile hem örgütlerde konuşmaları ve organizasyon çabaları ile varlık gösterirken hem de roman karakterleri ile iz bıraktı. Halide Edip'in karakterleri ile mücadeleci kadınlar roman sayfalarında canlandı. Bu anlamda Halide Edip Anadolu topraklarındaki ruhu yansıttı.

Halide Edip içinde yaşadığı aksiyonlu günleri kelimelere dökerken, Osmanlı kadın hareketinin temsilcisi olduğunu sahiplenip, düşünmese de öyleydi. Yeni Turan'ın Kaya'sı, Vurun Kahpeye'nin Aliye'si, Ateşten Gömlek'in Ayşe'si ülküleri uğruna çarpışan, cinsel kimliklerini toplum davaları içinde eritmiş, yurtsever, eylemci kadınlardı.

Dolayısıyla Halide Edip'in çok yönlü kişiliği ile kurtuluş mücadelesinde yer alması, kadın hareketinin içinde bulunması yani aktivist kimliğinin yanı sıra bir yazar olarak da değerlendirilmesi gerekiyor. Romanlarında hep kadınları merkeze koyan Halide Edip'in kadınların toplumsal yaşam içindeki rollerini sorgulaması da önemli.

Özellikle Ateşten Gömlek, Vurun Kahpeye ve Yeni Turan romanlarındaki kadın karakterleri ele alan *"Halide Edib Adıvar'ın Romanlarında Eril Tahakkümün Sınırında Gezinen Kadınlar"* isimli makalede gelenekselle yeni olan arasındaki ilişki gözler önüne seriliyor.[51]

Buna göre Halide Edip'in Kurtuluş Savaşı dönemini anlattığı Ateşten Gömlek romanında kadınlar savaş alanlarında görünürlük kazanarak, erkek egemenliğini kırmaya çalışıyorlar ve 'savaşçı bedenler' olarak karşımıza çıkıyorlar. Nitekim romanda, İzmir'in işgali sırasında kocasını ve çocuğunu kaybeden Ayşe,

Anadolu'ya geçerek *"eril zihniyet"*e meydan okur ve toplumun belirlediği rolleri yok sayma çabasında olur. Anadolu'ya geçen, harp hastanelerinde hemşirelik yapan ve çevresindeki erkeklere zaman zaman varlığıyla cesaret aşılayan Ayşe'nin erkek egemen bir sahadaki varlığı, kadın*(lık)* kimliği üzerinden temsiliyet bulma algısını kırmaya yönelik bir tutuma işaret eder.

Ateşten Gömlek'te Ayşe'yi savaşçı ve vatanperver kimliğiyle eril bir mekânda konumlandıran Halide Edib, Yeni Turan'da ise siyasal atmosfer içinde varlık alanı oluşturan politik ve eğitimli kadın kimliğini ön plana çıkarır ve kadınların seçme hakkına sahip olabileceği bir devrin hayalini kurar.

Vurun Kahpeye romanında ise kadınların sosyal yaşamda varlık göstermelerinin karşısında bağnaz düşüncelerle, taassupla hareket eden yobaz bir kesim vardır. Bir öğretmen olan başkahraman Aliye'nin karşısında bu kesimleri temsil eden Hacı Fettah vardır; Hacı Fettah aynı zamanda her türlü gücün yanında yer alır, Yunanlıların savaşı kazanacakları düşüncesiyle onlara yanaşmaya çalışır ve Kuva-yı Millîye aleyhinde konuşmalar yapar. Nitekim Aliye'nin Hacı Fettah'ın şahsında karşısında yer aldığı eril güçler, aynı zamanda düşmanla iş birliği yapan çıkarcı kesimdir. Zira genç öğretmen *"kendini Hacı Fettah Efendi'nin "*bıyıksızlar, yakalıklılar*" diye tavsif ettiği ve "*kanlarının helal*" olduğunu söylediği sınıftan"* sayarak Kuva-yı Millîye'nin yanında yer alır.

Eşitlik mücadelesinin içinde yer alan Halide Edip romanlarında kadınlar kendisini eve hapsedip disipline etmek isteyen erkek tahakkümüne karşı sorgulayan bir tutumda yer alıyorlar. Bu şekilde kadınların kendilerine biçilen rollerin dışına çıkma çabaları, Ayşe, Aliye ve Kaya'nın mücadeleleri aracılığıyla dile getirilmişti. Ve bu romanlarda politik bir tavır da alan kahramanlar, *"ulusu için yararlı olmaya çalışan, siyasi alanda erkeklerin*

Semra Topçu

yanında yer alan, buna karşın "müşfik"liğinden bir şey kaybetmeyen, ağırbaşlı, arkadaş, vatanın anası, halkçı kadın tipi"ni ortaya çıkarıyordu.

Bitirirken...

Halide Edip, sürgünde 14 yıl yaşadıktan sonra ülkesine ilk kez torununu görmek için geldi. Hasret giderdi ve Londra'ya döndü. O sürgün yıllarında en çok okunan kitaplarından biri olan Sinekli Bakkal'ı yazdı. Bu roman 1942 yılında CHP yönetiminin sanatı teşvik için açtığı *"Sanat Mükâfatı"* adlı yarışmada birinci oldu.

Atatürk'ün ölümünden sonra Cumhurbaşkanı olan İnönü'nün davetiyle 1939 yılında Türkiye'ye kesin dönüş yaptı. Adnan Adıvar, İslam Ansiklopedisi'nde çalışmaya başlarken, Halide Edip de İstanbul Üniversitesi İngiliz Dili ve Edebiyatı Kürsüsü'nün başkanlığına getirildi. Profesör ünvanını taşıyan ilk kadın oldu.

Dünya değişiyor, Türkiye de çok partili hayata geçiyordu. Osmanlı'nın yıkılıp yeni bir devletin kuruluşunda rol alan kadınlar savaştan döndükleri evlerinden tekrar çıktılar. Siyaset hareketleniyordu, Halide Edip de 10 yıldır sürdürdüğü üniversitede görevine ara verdi ve Demokrat Parti listesinden İzmir milletvekili seçildi. Amerikan mandacılığı ile suçlanması ile yeniden tartışma konusu olunca istifa ederek üniversiteye geri döndü. Hayatının en acı günlerinden birini o sırada yaşadı, eşini kaybetti. Eşi Adnan Adıvar'ın eksikliğini hep ızdırapla anlattı.

Halide Edip, 9 Ocak 1964'te 80 yaşında hayata gözlerini yumduğunda, ardında onlarca eser ve mücadelelerle geçen bir yaşam bırakmıştı. Belki karakter özelliklerinden belki yaşamın sürüklemesinden kaynaklı dürtülerle mi bilinmez ama zor anlarda kritik kararları cesaretle aldı ve böylece fırtınalı ama renkli bir hayatı oldu.

Yaşadığı dönemi tüm yönleriyle yansıtabildiği eserleri birer kurmaca değil, belge niteliği taşıyan bir edebiyatçıydı, aynı zamanda kadın hareketinin aktivisti, siyasetçi ve eğitimciydi.

Semra Topçu

Sonuçta Halide Edip bir feminist olarak anılmıyor ama yaşadığı zaman diliminde yaşadığı toplumun ileriye yönelik mesafe almasına katkı yapan eylemsellik içinde olduğu değerlendiriliyor. Yani o bir ilericiydi.

Sözün başında 21. yüzyılda yaşadığımız sorunları anlamak için 19. yüzyıldan bir başarı öyküsüne ihtiyaç duyduğumuzu, günümüzün karamsarlığını bununla atabileceğimizi belirtmiştim. Şimdi empati yapma ve o zaman yaşasaydık biz ne yapardık soruna yanıt bulma zamanı. Şimdi aynı zamanda, o günün şablonunu bugüne oturtup, neler yapmadığımızı düşünme zamanı.

Genel Kaynakça

- Afet İnan, *İzmir İktisat Kongresi*, Ankara: TTK, 1982.
- Ahmet Ağaoğlu, *Serbest Fırka Hatıraları*, İstanbul, 1994.
- Ahmet Demirel, *Birinci Mecliste Muhalefet: İkinci Grup*, İstanbul, 1995.
- Ahmet Kabaklı, *Türk Edebiyatı*, Türk Edebiyatı Vakfı Yayınları; İstanbul, 1997.
- Ahmet Oktay, *Cumhuriyet Dönemi Edebiyatı: 1923-1950*, Ankara, 1993.
- Ahmet Yeşil, *Terakkiperver Cumhuriyet Fırkası*, Ankara, 2002.
- Ali Fethi Okyar, *Serbest Fırka Nasıl Doğdu, Nasıl Feshedildi*, İstanbul, 1987.
- Aytekin Yakar, *Türk Romanında Millî Mücadele*, Ankara, 1973.
- Bernard Lewis, *Modern Türkiye'nin Doğuşu*, Ankara, 1991.
- Bernard Caporal, *Kemalizmde ve Kemalizm Sonrasında Türk Kadını (1919-1970)*, Çev. Ercan Eyüboğlu, Türkiye İş Bankası Yayınları, İstanbul, 1982.
- Cemil Koçak, *Türkiye'de Milli Şef Dönemi (1938-1945)*, Ankara, 1986.
- Cemil Koçak, *Türk Alman İlişkileri (1923-1939)*, Ankara, 1991.
- Cemil Koçak, *Belgelerle İktidar ve Serbest Cumhuriyet Fırkası: Tarih Yazımında Serbest Cumhuriyet Fırkası*, İstanbul, 2006.
- Çetin Yetkin, *Serbest Cumhuriyet Fırkası*, İstanbul 1997.
- Cevdet Kudret, *Türk Edebiyatında Hikâye ve Roman: Meşrutiyet'ten Cumhuriyet'e: 1911-1922*, İstanbul, 1987.
- Doğan Avcıoğlu, *Milli Kurtuluş Tarihi*, Cilt: I, İstanbul, 1974.
- Edward Weisband, *II. Dünya Savaşı ve Türkiye*, İstanbul 2002.
- Erik Jan Zürcher, *Modernleşen Türkiye'nin Tarihi*, İstanbul, 2004.
- Erik Jan Zürcher, *Milli Mücadelede İttihatçılık*, İstanbul, 1987.
- Erkan Karaca, *Halide Edib Adıvar Kimdir? Hayatı ve Eserleri*, http://bilgihanem.com
- Evrim Yeşilyurt, Halide Edib Adıvar Hayatı ve Eserleri, Yeryüzü Yayınları, Ankara, 2009.
- Fahir Armaoğlu, *20. Yüzyıl Siyasi Tarihi*, Ankara, 1995.
- Fethi Naci, *100 Soruda Türkiye'de Roman ve Toplumsal Değişme*,

İstanbul, 1981.
- Fethi Naci, *Fethi Okyar'ın Anıları, Atatürk, Okyar ve Çok Partili Türkiye, (Haz. Mehmet Seyitdanlıoğlu)*, Ankara, 1997.
- Frances Kazan, *Halide Edib ve Amerika*, Çev.: Bernar Kuduğ, Bağlam Yayınları, İstanbul, 1995.
- Güven Uluköse, *Halide Edib Adıvar*, Kastaş Yayınları, İstanbul, 2006.
- Halide Edib Adıvar, *Halka Doğru / Büyük Mecmua (1919) ve Yedigün (1936-1939) Yazıları*, Hazırlayan: Feyza Hepçilindirler, Can Yayınları, İstanbul, 2017.
- Halide Edib Adıvar, *Çaresaz*, Can Yayınları, İstanbul, 2017.
- Halide EdibAdıvar, *Son Eseri*, Can Yayınları, İstanbul, 2008.
- Halide Edib Adıvar, *Tatarcık*, Can Yayınları, 5. Baskı, İstanbul, 2017.
- Halide Edib Adıvar, *Türkiye'de Şark-Garp ve Amerikan Tesirleri*, Can Yayınları, 1. Baskı, İstanbul, 2009.
- Halide Edib Adıvar, *Türkiye'de Şark-Garp ve Amerikan Tesirleri II*, Can Yayınları, İstanbul, 2015.
- Halide Edib Adıvar, *Yolpalas Cinayeti*, Can Yayınları, 7. Baskı, İstanbul, 2017.
- Halide Edib Adıvar, *Ateşten Gömlek*, Can Yayınları, 40. Baskı, İstanbul 2017.
- Halide Edib Adıvar, *Handan*, Can Yayınları, 22. Baskı İstanbul, 2017.
- Halide Edib Adıvar, *Mor Salkımlı Ev*, Can Yayınları, 22. Baskı, İstanbul, 2017.
- Halide Edib Adıvar, *Vurun Kahpeye*, Can Yayınları, 3. Baskı, İstanbul, 2017.
- Halide Edib Adıvar, *Hindistan'a Dair*, Can Yayınları, İstanbul, 2014.
- Halide Edib Adıvar, *Sinekli Bakkal*, Can Yayınları, 26. Baskı, İstanbul, 2017.
- Halide Edib Adıvar, *Kalp Ağrısı*, Can Yayınları, 12. Baskı, İstanbul, 2017.
- Halide Edib Adıvar, *Yeni Turan*, Can Yayınları, 4. Baskı, İstanbul, 2017.
- Halide Edib Adıvar, *Sonsuz Panayır*, Can Yayınları, 1. Baskı, İstanbul, 2016.

- Halide Edib Adıvar, *Döner Ayna*, Can Yayınları, 1. Baskı, İstanbul, 2015.
- Halide Edib Adıvar, *Türk'ün Ateşle İmtihanı / İstiklâl Savaşı Hatıraları*, 17. Baskı, Can Yayınları, İstanbul, 2017.
- Halide Edib Adıvar, *Dağa Çıkan Kurt*, Can Yayınları, 3. Baskı, İstanbul, 2017.
- Halide Edib Adıvar, *Kerim Usta'nın Oğlu / Bir Doktorun Hayatı*, Can Yayınları, 1. Baskı, İstanbul, 2012.
- Halide Edib Adıvar, *Zeyno'nun Oğlu*, Can Yayınları, 1. Baskı, İstanbul, 2010.
- Halide Edib Adıvar, *Sevda Sokağı Komedyası*, Can Yayınları, 1. Baskı, İstanbul, 2011.
- Halide Edib Adıvar, *Âkile Hanım Sokağı*, Can Yayınları, 5. Baskı, İstanbul, 2017.
- Hakkı Uyar, *Tek Parti Dönemi ve Cumhuriyet Halk Partisi*, İstanbul, 1998.
- Hasan Âli Yücel, *Edebiyat Tarihimizden*, Ankara, 1957.
- Hasan Akay, *Tanzimat Sonrası Türk Edebiyatında Yeni Fikirler*, İstanbul, 1998.
- Hicran Göze, *Zor Yılların Zor Kadını Halide Edib Adıvar*, Boğaziçi Yayınları, İstanbul, 2003.
- Hilmi Yücebaş, *Bütün Cepheleriyle Halide Edib*, İnkılap ve Aka Kitabevleri, İstanbul, 1964.
- Hüseyin Cahit Yalçın, *Edebi Hatıralar*, İstanbul, 1975.
- Hüseyin Cahit Yalçın, *Siyasal Anılar*, İstanbul, 1976.
- İbrahim Tüzer, *Türk Dili ve Edebiyatı / Yeni Edebiyat*, Akçağ Yayınları, Ankara, 2015.
- İnci Enginün, *Halide Edib Adıvar*, Toker Yayınları, İstanbul.
- İnci Enginün, *Halide Edib Adıvar*, Kültür ve Turizm Bakanlığı, Ankara, 1986.
- İnci Enginün, *Halide Edib Adıvar'ın Eserlerinde Doğu ve Batı Meselesi*, İstanbul Üniversitesi Edebiyat Fakültesi, İstanbul, 1978.
- İnci Enginün, *Yeni Türk Edebiyatı Araştırmaları*, İstanbul, 1991.

- İnci Enginün, *Cumhuriyet Dönemi Türk Edebiyatı*, Dergâh Yayınları, İstanbul, 2005.
- İsmail Habib Sevük, *Tanzimat'tan Beri Edebiyat Tarihi*, Remzi Kitabevi, İstanbul, 1942.
- Kenan Akyüz,*Modern Türk Edebiyatının Ana Çizgileri (1860-1923)*, İnkılâp Kitabevi, İstanbul, 1995.
- Mithat Şükrü Bleda, *İmparatorluğun Çöküşü*, İstanbul, 1979.
- Murat Güvenir, *II. Dünya Savaşında Türk Basını*, İstanbul, 1991.
- Muzaffer Uyguner, *Halide Edib Adıvar Yaşamı Sanatı Yapıtlarından Seçmeler*, Bilgi Yayınevi, İstanbul, 1994.
- Nazan Bekiroğlu, *Halide Edib Adıvar*, Şule Yayınları, İstanbul, 1999.
- Nihad Sâmi Banarlı, *Resimli Türk Edebiyatı Tarihi*, İstanbul, 1979.
- Rauf Orbay, *Siyasi Hatıralar, (Haz. Jale Erdoğan)*, İstanbul, 2003.
- Stanfor J. Shaw-Ezel Kural Shaw, *Osmanlı İmparatorluğu ve Modern Türkiye*, İstanbul, 1983.
- Şerif Mardin, *Türk Modernleşmesi*, İstanbul, 2000.
- Tansu Bele, *Halide Edib Adıvar'ın Hayatı: Kurtuluş Savaşı'na Giden Yolda*, Siyah Beyaz Yayınları, İstanbul, 2010.
- Yahya Kemal Beyatlı, *Edebi ve Siyasi Portreler*, İstanbul, 1986.
- Yaşar Nabi Nayır, *Dünkü ve Bugünkü Edebiyatçılarımız Konuşuyor*, İstanbul 1976.
- Zeynep Yıldız, *Tüm Yönleriyle Halide Edib Adıvar*, https://www.turkedebiyati.org

Dipnotlar

1. Halide Edip Adıvar, Mor Salkımlı Ev, Can Yayınları, İstanbul, 2013, s . 10.
2. Halide Edip Adıvar, Mor Salkımlı Ev, Can Yayınları, İstanbul, 2013, s . 11.
3. Halide Edip Adıvar, Mor Salkımlı Ev, Can Yayınları, İstanbul, 2013, s . 18.
4. Şefika Kurnaz, *"Osmanlı'dan Cumhuriyet'e Kadınların Eğitimi"*, Milli Eğitim Dergisi, S. 43, 1999.
5. Songül Keçeci Kurt, *"II.Abdülhamid Dönemi'nde Kız Rüşdiyeleri"*, Akademik Bakış Dergisi, S. 29, Mart – Nisan 2012, s. 1-19.
6. Şefika Kurnaz, Cumhuriyet Öncesinde Türk Kadını *(1839-1923)*, Başbakalık Aile Araştırma Kurumu, Ankara, 1991, s.10 -11.
7. Bernard Caporal, Kemalizmde ve Kemalizm Sonrasında Türk Kadını *(1919-1970)*, Çev. Ercan Eyüboğlu, Türkiye İş Bankası Yayınları, İstanbul, 1982.
8. Kurnaz, Cumhuriyet Öncesinde Türk Kadını, s.10 -11
9. Osman Nuri Ergin, Türkiye Maarif Tarihi, 1941, s.741.
10. Şirin Tekeli, *"Türkiye Aydınlanması Kadınlara Nasıl Baktı?"*, Türkiye'de Aydınlanma Hareketi - Server Tanilli'ye Armağan, Alkım Yayınları, İstanbul, 2006, s. 163.
11. Serpil Sancar, Türk Modernleşmesinin Cinsiyeti, İletişim Yayınları, İstanbul, 2014, s. 94.
12. Serpil Çakır, Osmanlı Kadın Hareketi, Metis Yayınları, İstanbul, s.59-86
13. Serpil Sancar, Türk Modernleşmesinin Cinsiyeti, İletişim Yayınları, İstanbul, 2014, s.96-99.
14. Serpil Çakır, Osmanlı Kadın Hareketi, Metis Yayınları, İstanbul, 2011, s.106.
15. Özdemir, 2016. Bunu bulamadım !!!!!!
16. Serpil Çakır, Osmanlı Kadın Hareketi, Metis Yayınları, İstanbul, 2011, s.346.
17. İnci Enginün, Halide Edib Adıvar, s. 11.
18. Büşra Ongur, Kocaeli Üniversitesi Sosyal Bilimler Enstitüsü, Uluslararası İlişkiler Anabilim Dalı Siyasi Tarih Bilim Dalı, Cumhuriyet Öncesi ve Sonrası Kadın Hareketinin Gelişimi.

19. Hale Biricikoğlu, Türk Modernleşmesinde Kadın, s.4.
20. İnci Enginün, Halide Edib Adıvar, s. 11-12.
21. Adıvar, Mor Salkımlı Ev, s. 93-94.
22. İnci Enginün, Halide Edib Adıvar, s. 12.
23. Bernard Caporal,Kemalizmde ve Kemalizm sonrasında Türk Kadını *(1919-1970)*, Çeviren: Dr. Ercan Eyüpoğlu, Türkiye İş Bankası Yayınları, İstanbul, 1982.
24. Caporal, Kemalizmde ve Kemalizm sonrasında Türk Kadını *(1919-1970)*, Dr. Çeviren: Dr. Ercan Eyüpoğlu, ;stanbul, 1982.
25. Sezer Arslan, Balkan Savaşları Sonrası Rumeli'den Türk Göçleri ve Osmanlı Devleti'nde İskânları, Edirne Trakya Üniversitesi Sosyal Bilimler Enstitüsü, Haziran, 2008.
26. Ernest Hemingway, İşgal İstanbul'u, Bilgi Yayınları, İstanbul, 1998, s. 21, 30.
27. Halide Edip Adıvar, Türkün Ateşle İmtihanı I, Yenigün Haber Ajansı Basın ve Yayıncılık A.Ş., Ankara, 1998, s. 9-10.
28. Feyza Hepçilingirler, Halka Doğru, Can Yayınları, İstanbul, 2017, s. 20.
29. Feyza Hepçilingirler, Halka Doğru, Can Yayınları, İstanbul, 2017, s. 27.
30. Halide Edip Adıvar, Türkin Ateşle İmtihanı, s. 54.
31. Erich Von Zürcher, Modernleşen Türkiye'nin Tarihi, İletişim Yayınları, 7. Baskı, İstanbul, 2000, s. 207.
32. Halide Edip Adıvar, Türk'ün Ateşle İmtihanı II, Yenigün Matbaası, Ankara, s. 13.
33. Hıfzı Topuz, Türk Basın Tarihi, Remzi Kitabevi, İstanbul, 2015, s. 119.
34. Lord Kindros, Atatürk – Bir Milletin Yeniden Doğuşu, Altın Kitaplar, İstanbul, 1994, s. 265.
35. Şirin Tekeli, *"Türkiye Aydınlanması Kadınlara Nasıl Baktı?"*, Türkiye'de Aydınlanma Hareketi - Server Tanilli'ye Armağan, Alkım Yayınları, İstanbul, 2006, s. 163.
36. İpek Çalışlar, Biyografisine Sığmayan Kadın-Halide Edip, Everest Yayınları, İstanbul, 2010, s.298.
37. İpek Çalışlar, Biyografisine Sığmayan Kadın-Halide Edip, Everest Yayınları, İstanbul, 2010s. 304.
38. Kimi kaynaklarda bu filmde Türk kadın oyuncuların ilk kez oynadığı belirtilmiş olsa da örneğin İstanbul Kadın Müzesi, Neyyire Neyir sayfasına

şu not düşülmüş ve ilk kadın oyuncunun 1922 yılında Esrarengiz Şark filminde oynayan Nermin Hanım olduğu belirtilmiş. Tarihçi Ali Özuyar da Sinemanın Osmanlıca Serüveni isimli çalışmasında Neyyire Neyir ve Bedia Muvahhit'in Türk sinemasının ilk Müslüman kadın sinema oyuncusu olmadıklarını, Ateşten Gömlek filminden bir yıl önce çekilmi yapılmış olan Esrarengiz Şark filminde başrolü Nermin Hanım'ın oynadığını belirtir.

39. Halide Edip Adıvar, Türk'ün Ateşle İmtihanı, Atlas Kitabevi 7. Baskı, s.165-166.
40. Türk Edebiyatı alanında akademisyendir.
41. Halide Edip Adıvar, Türk'ün Ateşle İmtihanı, Atlas Kitabevi 7. Baskı, s.169.
42. Agah Özgüç, Başlangıcından Bugüne TÜRK SİNEMASINDA İLKLER, Yılmaz Yayınları A.Ş., 1990.
43. A. Dorsay, E. Ayça, *"Bedia Muvahhile Konuşma"*, Yedinci Sanat, S. 9, Kasım 1973.
44. http://www.istanbulkadinmuzesi.org/neyyire-neyir erişim tarihi: 22.02.2019.
45. Giovanni Scognamillo, Türk Sinema Tarihi-1, Birinci Cilt 1896-1959, Metis Yayınları, 1987, s. 44-45.
46. Ali Fuat Bilkan, *"Halide Edip Adıvar'ın Hindistan'daki Konferansları"*, Bilig, Kış 2011, S. 56, s. 33-44.
47. Ali Fuat Bilkan, *"Halide Edip Adıvar'ın Hindistan'daki Konferansları"*,- Bilig, Kış 2011, S. 56, s. 33-44.
48. Ali Fuat Bilkan, *"Halide Edip Adıvar'ın Hindistan'daki Konferansları"*,- Bilig, Kış 2011, S. 56, s.36.
49. Bernard Caporal, Kemalizm'de ve Kemalizm sonrasında Türk Kadını *(1919-1970)* Dr.; Çeviren: Dr. Ercan Eyüpoğlu, Türkiye İş Bankası Yayınları, İstanbul, 1982.
50. Zihnioğlu, 2003; Saktanber, 2002
51. 51 Beyhan Kanter, *"Halide Edib Adıvar'ın Romanlarında Eril Tahakkümün Sınırında Gezinen Kadınlar"*, Akademik Sosyal Araştırmalar Dergisi, Yıl: 4, S. 24, Mart 2016, s. 84-94.